KB188419

내 삶의 주인으로 산다는 것

내 삶의 주인으로 산다는 것

초판 1쇄 발행 · 2017년 4월 24일
초판 2쇄 발행 · 2017년 6월 10일

지은이 · 김권수
펴낸이 · 김동하

펴낸곳 · 책들의정원
출판신고 · 2015년 1월 14일 제2015-000001호
주소 · (03955) 서울시 마포구 방울내로9안길 32, 2층(망원동)
문의 · (070) 7853-8600
팩스 · (02) 6020-8601
블로그 · books-garden1.blog.me
이메일 · books-garden1@naver.com

ISBN 979-11-87604-20-4 (03190)

• 이 도서의 국립중앙도서관 출판예정도서목록(CIP)은 서지정보유통지원시스템 홈페이지
  (http://seoji.nl.go.kr)와 국가자료공동목록시스템(http://www.nl.go.kr/kolisnet)에서 이용하
  실 수 있습니다. (CIP제어번호 : CIP2017008721)

내 삶의
주인으로
산다는 것

나도 몰랐던 진짜 나와 마주하는
자존감 회복 클래스

김권수 지음

PROLOGUE

- -

—

삶에서 소외된 모든 이에게
'나'를 지지할 용기를 건네며

—

자신이 원하는 주체적 삶을 살기 위해서는 매뉴얼이 필요하다. 그 매뉴얼의 내용이 지도가 되어 몸과 마음에 뚜렷이 살아 있어야 한다. 그렇지 않으면 내 입맛을 몰라 그저 손님이 가장 많이 가는 음식점에 갈 수 밖에 없는 형편이 된다. 나만의 맛을 찾아 누리기 위해서는 알아야 할 비밀들이 있다. 왜 일찍 이런 것들에 대한 학습은 하지 못했을까?

누구나 행복하고 만족스러운 삶을 위해 많은 희생을 각오하며 열심히 달리는 오늘날이다. 하지만 달리고 달려도 부족하고, 성취하고도 만족감보다는 허탈함과 공허감이 앞서는 삶에는 분명히 문제가 있다. 계속 따라가기 바빠 멈출 수 없는 삶에서 잠시 되돌아보면 그곳에는 내가 없다. 내 삶의 주인이 내가 아니라는 의심이 들 때가 있다. 다들 그렇게 사니까 들춰내는 것이 부담스러워 남들처럼 살아간다. 덮어두고 살기에 내가 나를 모르고 나 자신과 소통하는 것이 어색하고 제일 힘든 일이 되었다.

경쟁 속에서 계속 달려야 하고 나의 존재와 삶의 의미는 타인의 인정을 통해서나 가능해진 눈치다. 자신이 소외된 스침의 삶은 걱정과 불안이 많다. 삶의 중심이 외부에 있기 때문에 외부의 변화에 따라 흔들리고 적응하려면 늘 긴장하고 있어야 한다. 자신의 삶을 사는 것이 아니라 군중의 삶을 살고 있는 것은 아닌지 의심해볼 때다. 그런 의심을 통해 한 번뿐인 삶에 대한 만족과 의미를 따져볼 수 있다. 《내 삶의 주인으로 산다는 것》은 시대 속에 화려한 듯 어둡게 자리한 자신을 읽고 주인으로서 삶을 살고자 하는 자각에서 시작된다.

이 책에서 말하고자 하는 것은 시대의 비관이 아니라 수용과 전념, 그리고 용기다. 자신이 원하는 삶을 살기 위한 자기소통과 위로의 방식을 나누고 싶은 것이다. 외부로 분산되고 얽매여 있는 주의를 온전히 자신에게 돌려서 부족해도 자신을 중심으로 세상을 살아갈 이유와 용기를 가질 수 있음을 말하고 싶다. 위로가 필요한 삶 속에서 자신의 가치로 삶을 살고자 하는 사람들에게 불필요한 의식적 낭비를 줄이고 자신의 삶을 지지할 수 있는 '마음의 항체'를 전하고 싶었다. 마음의 항체는 자신의 가치와 의미를 자각하고, 자신을 붙들고 있었던 보이지 않았던 장막을 걷어내고 자신의 감각, 감정, 생각, 편견을 뛰어넘을 수 있는 회복력을 의미한다. 자신이 원하는 삶을 이끌고 나갈 심리적, 의식적 자본을 축적할 수 있는 방법들이다.

　우리는 삶을 살아가면서 어떻게 느끼고 생각하고 행동하는지 알아야 한다. 그래야 수면의 흔들림을 보는 것이 아니라 수면 아래에 고요하게 존재하는 나의 모습을 볼 수 있기 때문이다.　바람에 일렁이는 수면을 보고 함께 흔들리고 있으면 평생 한 번도 수면 아래의 자기 모습을 볼 수 없다. 본래 내 모습, 내가 원하는 삶의 모습을 평생 한 번도 보지 못할 수 있다는 의미다. 수면 아래에 있는 진짜 나의 소망을 지지하고 살아가면서 만족할 수 있기 위해서는 많은 자기설득이 필요하다.
　이 책의 다양한 이야기들은 성공을 위해서 '어떻게 해야 한다'라는 많은 경구와 자기계발서의 주장들이 그저 구호가 아니라 증명 가능한 통찰임을 설명하려고 했다. 무조건 성취 지향적으로 살면서 자신의 삶을 소진하는 것이 아니라 내가 원하는 모습대로 수용하고 음미하는 삶을 어떻게 마주할 수 있는지 논리적이고 과학적으로 풀어냈다. 이런 증명들은 사람을 해석하고 자각할 수 있는 논리와 증거이며 자기 위로와 설득, 용기가 될 것이라고 믿는다. 그래서 실제 자신의 삶에 적용하고 행동으로 연결함으로써 자기 삶의 주인으로 사는 맛을 함께 하고 싶었다.

마지막으로 고백하자면 이 책의 모든 내용은 나의 삶과 나의 방식대로 살아보려고 현실의 저항에 벌벌 떨면서 증명하고 위안을 삼은 흔적들이다. 모든 독자들의 입장이 같을 수는 없지만 척박한 삶의 시간 속에서도 함께 위로하고 용기 내어 웃어 보자는 진심을 이 책에 담고 싶었다. 연화가 그려진 덕운당에서 흰붓으로 글을 쓰며 원고를 꾸려오는 동안에, 일일이 언급하지 않더라도 주변의 귀한 분들이 자각과 위로, 용기를 건네주었다. 이처럼 나 또한 그렇게 진심으로 함께 하고 싶은 마음이다.

2017년 늦은 봄
김권수

CONTENTS

내 삶의
주인으로
산다는 것

나는
누구인가

내 삶의 주인으로
산다는 것

끊임없는 갈증을 느끼며
타인의 목마름을 채우는
우리의 공허한 몸짓

많은 사람들이 미친 듯 열심히 살아가고 있지만 만족보다는 공허함과 부족함, 뒤처지지는 않을까 하는 두려움과 긴장감 사이를 외줄 타기 하며 힘들게 버티고 있다. 설령 남들이 부러워할 정도의 업적을 성취했어도 텅 빈 느낌은 쉽게 가시지 않는다. 변화의 속도가 더욱 빨라지고 있는 요즘은 이러한 공허함이 더욱 확대재생산되고 있다.

동기심리학자인 리처드 드참*Richard DeCharms*이 주장한 것처럼 인간은 누구나 자기 행동의 원인이 되고자 한다. 스스로 주

인이 되지 못하고 자기 행동에서 소외될 때 공허함은 만들어
진다. 의무와 필요성에 맞춰서 행동하는 자신을 경계해야 하
는 이유가 여기에 있다. 그렇지 않으면 주변의 요구에 따라 슈
퍼맨이 되려고 달리다가 정작 자신이 무엇을 위해 뛰고 있는
지 잊어버리게 된다.

더한 문제도 있다. 외부의 필요에 의해 달리는 속도를 높
이다가 자신이 무엇을 원하는지는 알지 못하게 되는 것이다.
자신이 진정으로 바라는 것을 한 번도 묻지 못하고 평생을 달
리기만 할 수 있다는 이야기다. 마시고 마셔도 목마른 것은 자
신의 갈증이 아니라 타인의 갈증을 채우고 있기 때문이다.

호수의 수면이 흔들리면 바닥의 고요함을 전혀 볼 수 없
다. 자신의 주인이 되지 못할 때 우리는 군중의 삶을 살 수밖
에 없다. 주변의 변화에 쉼 없이 흔들리고 자신을 쏟아내야 한
다. 흔들리는 마음으로는 눈앞의 것이 똑바로 보이지 않는다.
빠른 속도에 이끌려가는 일상의 패턴에서 잠시 멈추고 자신
을 지켜보는 것은 힘겨운 일이 된다. 그래서 자신이 무엇을 원
하는지 모른다.

타인의 욕망을 욕망하는
현대인의 삶에는
자신이 결핍되어 있다

스스로 진정 바라는 것이 무엇인지 알 때 자기 행동의 주인이 된다. 주인은 자신의 것으로 선택하고 쉽게 주변에 흔들리지 않는다. 자신이 가야 할 길이 있고 이유가 있기 때문이다. 내 삶의 주인으로 산다는 것은 주변에서 쏟아내는 두려움과 충동의 흔들림에서 자유로워지는 것이다. 내 것이 있을 때, 내가 추구하는 것이 있을 때 이런 흔들림은 증폭되지 않는다. 나를 알고, 나로부터 비롯되었을 때 가능한 일이다. 그래서 그대로 수용하며 자신의 것을 바라보고 갈 수 있다. 자신의 삶을 산다는 말은 흔들리지 않고 자기를 바라보며 산다는 것인지도 모르겠다.

자신을 지켜본다는 것은 삶에서 자신의 것을 채울 수 있다는 희망과 확신이다. 자기 행동의 원인은 자기 자신이 될 가능성이 높다. 우리가 많은 일을 이루고도 공허와 결핍을 느끼는 이유는 '내'가 소외되어 있기 때문이다. 우리는 이러한 결핍을 채우기 위해서 쾌락과 욕망의 충동에 약해지게 된다.

하지만 이러한 충동은 중독처럼 너무 단기적이고, 더 많은 결핍을 느끼게 한다는 문제가 있다. 내가 원하는 것, 자신이 채워야 하는 것이 무엇인지 몰라서 일어나는 일이다. 자크

라캉*Jacques Lacan*의 말처럼 현대인은 타인의 욕망을 자신의 욕망으로 착각하고 살면서 나를 잃어버리고 내가 원하는 것을 채울 수 없는 무력한 삶을 운명처럼 가속화시키고 있는지 모른다. 그야말로 채워짐 없이 소모하는 피로사회다.

삶의 주인이 된다는 것은 어떠한 경우라도 나의 시공을 수용하고 즐길 수 있는 힘을 가져다준다. 주변의 의무와 요구 속에서 스스로를 멈춰 세우고 또렷하게 자신과 만나서 물어봐야 한다. 내가 원하고 만족할 수 있는 것이 무엇인지 알 때 자신에게 보다 더 친절하고 충실한 나를 만나게 된다. 주변의 속도와 흔들림 속에 그것을 바라보며 담담히 자신의 것을 추구하고 누리려는 용기 있는 나를 만나게 된다.

우리는 왜
군중의 삶을 사는가

이끄는 대로 따르며
목적지에 도착하는
착한 아이가 되어

대학생들을 만나 대화하다 보면 무척 많이 듣게 되는 이야기가 있다. '난 내가 뭘 좋아하는지 모르겠다', '내가 뭘 해야 할지 잘 모르겠다'는 말이다. 앞으로 취직해서 돈을 벌고 먹고살기 위한 걱정같이 보이지만, 삶 전체의 스펙트럼에서 자신의 존재와 의미 그리고 가치를 찾지 못하고 방황하는 이들의 속내를 알고 나면 쉬운 문제가 아님을 깨닫게 된다. 이런 상황에서는 무엇을 해도 확신을 갖지 못한다. 확신이 없으면 우리 뇌는 행동하기를 꺼린다. 타인이 건네는 가치를 뇌에 각인시키며 믿게 될 때 우리는 자연스럽게 타인의 삶을 산다.

수업 시간에 '내사introjection'를 이야기하면 충격 받는 학생들이 많다. 내사란 자신이 중요하다고 생각하고 행동하는 것이 자신의 진정한 욕구나 필요, 판단에 의해서가 아니라 타인에 의해 만들어졌음을 의미한다. 자신이 추구하는 가치, 좋아한다고 믿어왔던 대상이 어쩌면 내가 아니라 부모님 혹은 사회, 타인에 의해 결정된 것일 수 있다는 사실을 알면 잠시 당황하는 눈치다. 타인의 소망이 나의 생각에 투영되어 진짜 내소망인 듯이 존재하는 것이다.

이런 현상은 자신의 관심이나 이해보다는 외부의 규칙과 규범, 가치를 무비판적이고 강압적으로 받아들이며 행동할 때 쉽게 일어난다. 그래서 내사된 사람은 자신의 진정한 욕구나 가치를 모르고 타인의 기대에 맞추어 사는 데 익숙해진다. 그리고 그것이 자신의 삶인 양 착각한다. 판단과 행동의 기준이 내부가 아닌 외부에 있기 때문에 주변의 변화에 민감하고 이에 휘둘릴 수밖에 없다. 외부 환경이 변화할 때마다 강한 불안과 두려움을 자주 느끼게 된다.

어릴 때부터 부모와 학교, 학원의 지시에 맞춰 상급 학교 진학을 위해 틀에 박힌 요구를 우선적으로 수용한, 그래서 대학에 들어온 학생들은 목적지에 무리 없이 안착했다고 볼 수 있다. 그러나 다른 관점에서 보면 아닐지 모른다. 일반적으로 내사된 사람에게서 쉽게 발생할 수 있는 것이 자아관여*ego-involvement*다. 자아관여란 자신의 존재가치를 특정 결과와 결부시키는 것이다. 예를 들어 성적에 자아관여된 사람의 가치는 우수한 성적을 받았을 때만 인정받는다.

이렇듯 내사된 사람은 자기 인생의 편집권을 자신이 가지지 못하고 세상의 주류 가치에 던져주게 된다. 자아관여된 가치를 쫓아서 열심히 살다보면 자신의 진정한 호기심이나 도전의 즐거움을 알 필요가 없어진다. 자신이 추구해야 하는 가치와 달성해야 할 목표는 본인의 의지와 상관없이 외부에서 만들어주기 때문이다. 스스로 결정하는 자가 아니라 충실히 따르는 자가 된다.

우리는 사회 혹은 주변과의 부조화를 싫어한다. 그래서 내사되고 자아관여 되어 살기 쉽다. 마치 환경에 잘 적응해가며 진화하고 발전하는 듯한 자신을 느끼지만 실상은 나를 잃어버리는 과정이다. 자기로부터 잠시라도 한발 떨어져 바라본다면 조금 다른 측면의 내 모습을 관찰할 수도 있는데 말이다.

내가 있어야 할 곳에서
나의 자취가 사라지면
군중이 그 자리를 대신한다

청년들에게, 어쩌면 우리 모두에게 있어서 그동안 인식해왔던 내 모습이 거짓 자아일 수 있다는 사실은 충격과 절망감을 준다. 하지만 동시에 진짜 나를 찾아야겠다는 강한 의지를 불러일으킨다. 사회가 강요하는 가치가 아니라 자신만의 가치를 발견하고 자신이 좋아하는 일을 시작할 수 있다는 희망을 가지는 순간 학생들의 얼굴은 확신에 차올라 활력 있게 밝아진다. 외부가 아무리 흔들려도 꿋꿋하게 나의 뜻을 추구할 수 있다는 진정한 자기의 발견이 시작되었기 때문이다. 자신의 의미와 가치를 스스로 결정할 수 있다는 '자기결정감self-determination'은 활력과 긍정적 정서에 연결되어 있다. 행복감의 밑천인 셈이다.

자신을 중심으로 세상을 수용하고 확장해나갈 때 사람은 자란다. 그 발전의 흔적sign을 먹고 성장할 때 자신의 존재감은 소외되지 않고 더욱 뚜렷하게 그려진다. 자기이해가 되지 않으면 자신을 부정하거나 왜곡하게 되며, 결국 자신이 원하는 삶을 살지 못한다. 타인이나 군중의 삶을 살며 불안하고 방어적으로 행동하게 되니 자기개방self-disclosure이 힘들다.

남의 다리를 긁는다고 시원할 리 없듯이 세상을 수용하

지 못하면 성장은 고사하고 사는 재미가 없다. 자기이해가 부족한 사람은 판단의 기준이 명확하지 않아 타인의 의견에 쉽게 동조하고 휩쓸리는 경향이 크다. 그래서 자신을 왜곡시키거나 자신의 생각과 정서를 숨기고 타인의 요구에 맞추어 행동한다. 그렇기 때문에 본인에게 맞는 성장의 기회가 축소될 수밖에 없다. 인간은 타인을 위해 맞춰서 살지라도 그것이 자신의 선택일 때 활력과 만족감을 느끼는 존재다. 본능이 아니라 동기의 존재다.

자신을 이해하고 안다는 것은 세상의 풍파와 같은 위산에도 녹아내리지 않는 항체에 보호망을 씌우는 것과 같다. 이것이 바로 회복력^{resilience}이다. 세상의 많은 어려움을 행복한 삶에 대한 방해꾼이 아니라 깊은 맛을 내는 육수로 받아들이기 위해서 역경에 대한 회복력이 필요하다. 그런데 그런 회복력은 자신을 있는 그대로 수용하고 자신의 가치를 발견하는 자기이해가 바탕이 된다.

자신이 원하는 것을 알고 있는 사람은 타인의 반응이나 변화에 불안하거나 방어적이지 않고 자신을 내놓는 개방을 통해 세상을 포용하고 수용할 수 있다. 우리는 이런 회복력을 위해 우리의 주의^{attention}를 자신에게로 돌려야 한다. 그리고 자신이 뭘 원하는지 물어야 한다. 쳐다보지 않고 묻지 않는 것이 문제지, 묻고 물으면 답은 나오게 되어 있다. 내가 하고 싶은 것과 내가 의미를 느끼는 것에 질문하고 결정을 내려야 한다.

시켜서 하는 일이라도 나만의 의미와 가치 부여가 필요하다. 그래야 동기와 활력, 에너지가 커진다. 결과에 대해서도 수용하는 주체적 힘이 생긴다. 자기이해는 '선택권'을 확보하기 위해 자신에 대해 아는 과정이다. 타인이나 군중이 요구하는 선택을 그대로 받아들이는 것이 아니라 자신의 선택권을 주장하면서 키워지는 것이다. 죽을 때까지 놓지 못하는 가치가 자신의 존재감이라면 선택권 또한 나이에 상관없이 놓지 말아야 하는 만족과 행복의 보루가 된다. 하지만 이는 언제나 '용기'를 필요로 한다.

역경과 실패를 해석하는
각자의 방식

생각하는 대로
살지 않으면 사는 대로
생각하게 된다

어느 인생 성공 프로그램의 마지막 날이었다. 성찰의 시간을 통해 각자의 심경을 되돌아보는 자리를 가지게 되었는데, 여기에서 한 중소기업 회장의 고백을 들을 수 있었다.

"저는 이제야 내 인생을 살고 있는 것 같습니다. 그동안의 삶에 성취감은 있었지만 나 자신이 이렇게 존재한다는 꽉 찬 느낌을 받지 못했습니다. 감사합니다."

그는 이렇게 말하며 눈물을 흘렸다. 부러울 것 없을 줄

알았던 회장의 고백은 내게 오랫동안 깊은 인상으로 남아 있다. 행복은 돈이나 성공으로만 이뤄지는 것이 아니라는 격언이 실감나는 듯했다. 명확한 '자신의 것'이 없으면 다른 사람이 지시하는 대로 살게 된다. 때로는 대중이, 사회가, 조직이, 상사가, 선생님이 지명하는 대로 말이다. 착각으로 시작한 것이 나중에는 의심해도 바꿀 수 없는 사실이 되기도 한다. 프랑스의 소설가이자 비평가인 폴 부르제^{Paul Bourget}는 "생각하는 대로 살지 않으면 사는 대로 생각하게 될 것이다"라고 했다. 우리가 놓치고 사는 현실을 정확하게 꼬집은 그의 말이 무섭기까지 하다.

자신이 원하는 삶의 모습이 뚜렷하지 않으면 주변의 환경에 의해 살게 된다. 이때 사람들은 진실이 어떤 것인가에 대해서는 관심이 없다. 단지 주변 환경이 진리가 된다. 그래서 따르지 않으면 두려운 상태에 빠진다. 내가 원하는 대로 살면 나만 뒤처지고 영원히 복구될 수 없는 수렁에 빠질 것 같은 공포마저 만들어낸다. 하지만 이는 허상이다.

다음 첫 번째 그림은 단순한 먹물 얼룩일 뿐이다. 하지만 사람들이 달마시안의 얼룩이라고 하면 나도 그 주장에 동조해 버리게 된다. 자신에게는 다르게 보이더라도 대부분의 사람들은 다수가 말하는 의견에 이끌려 그것이 사실이라고 확정하는

여러 가지 착시

경향이 있다. 두 번째와 세 번째 그림에 등장하는 펭귄은 각각 키가 같다. 하지만 우리 눈에는 다르게 보이는데 바로 배경 때문이다. 우리가 원하는 것이 뚜렷하지 않을 때 환경과 배경에 의해 만들어진 착시를 보고 살아가는 것과 유사하다.

자신이 원하는 바를 찾고 이를 실행하며 산다는 것은 어떤 평가를 받을지와는 무관하게 조금 더 질 높은 삶을 보장한다. 이때 사람들은 주변 환경에 덜 흔들리고 의식의 질서를 잡아 자신이 주도하는 시간을 더욱 많이 보내게 된다. 자신이 원하는 일을 한다는 것은 시간의 문제이기는 하지만 보다 긍정적인 정서와 지속 가능한 성공을 만들 확률이 높음을 의미한다.

자신이 원하는 일은 내재적 동기를 높여 긍정적인 정서를 유발하고 즐겁게 몰입하도록 한다. 사람들은 스스로 선택하고 결정할 때 흥미와 즐거움을 경험한다. 이를 자기결정감이라고 한다. 우리는 내적·외적 환경을 주도하기 위해서 적

나는 누구인가

극적으로 노력하는 내재적 동기를 가지고 태어나기 때문이다. 모두 주인공이 되고 싶은 것이다. 원하는 것을 스스로 정할 때 만들어지는 흥미와 즐거움은 그 일에 쉽게 몰입하도록 만들고 숙련으로 이어져 능력의 확장과 완성을 이끌어내기 용이하다. 이때 자신이 경험하지 못한 능력과 수준을 향상시키고 행복감을 성취할 가능성이 높아진다.

원하는 것이 분명한 사람은 자연스럽게 원하는 일에 집중하고 그렇지 않은 일에 연연하지 않는다. 원하는 것이 확고하지 않을 때는 이것저것 기웃거리며 한정된 의식을 분산시켜 제대로 몰입할 기회를 가질 수 없다. 원하는 것이 뚜렷할 때 취할 것과 버릴 것이 명확해지고 단호하게 대처함으로써 한정된 우리의 의식을 효율적으로 사용하고 의식의 '불완전 연소'를 막게 된다.

인내하는 자만이 느낄 수 있는 온전한 자신의 삶

원하는 것이 강하고 확실할 때 이와 관련된 것들이 자석처럼 달라붙어 하나의 '형태의 장'을 만들어낸다. 무엇을 보고 듣고, 누구를 만나는 과정에서 원하는 것에 일치하는 것들만 필터링 되어 자신의 주변에서 공명한다. 그런데 물이 일정한 온도의 임계점을 넘어야 끓듯이 이형태의 장이 만들어지기 위해서는 많은 에너지가 응축되어야한다. 형태의 장이 하나 형성되면 노하우와 인맥이 쌓이고 어려운 일도 물 흐르듯이 쉽게 해결되는 효율적인 상황을 만들수 있다.

자신이 원하는 것에 강한 흥미와 즐거움을 가지고 있으면 당연히 그것과 관련된 대상, 장소, 사람을 찾아 나서기 마련이다. 이런 반복된 과정은 수많은 비슷한 것들과 연결되고끌어당기는 현상을 일으킨다. 자연스럽게 관련 없는 것들이사라지고 관련된 것만 남아 더 강한 끌어당김을 이루는 것이다. 이때 생각하지도 않았던 아이디어와 기회가 발생한다. 이런 시간이 축적되면 원하는 것들로 구성된 하나의 '형태의 장'이 만들어지고 그 힘은 더욱 강해진다.

세계적 문학가 파울로 코엘료*Paulo Coelho*는 그의 유명한 책《연금술사*The Alchemist*》에서 "무언가를 간절히 원할 때, 온 우주는 자네의 소망이 실현되도록 도와준다네"라고 썼다. 그냥 간절히 원한다고 온 우주가 도와주지는 않는다. 이는 끈기 있게자신이 원하는 길을 걷는 사람이 만든 형태의 장을 말하는 것이다.

원하는 삶을 사는 사람은 자연스럽게 인내력이 생기고 지속성을 가지게 된다. 자신이 원하는 일을 하는 사람과 그렇지 않은 사람의 가장 큰 차이점은 역경과 실패를 해석하는 방식이 다르다는 것이다. 원하는 일을 하는 사람에게 어려움과 난관은 도전하고 헤쳐나가야 할 능력 발휘와 도전의 대상이다. 즉 난관과 역경이 현실을 보다 복잡하게 만들지만 그 복잡함이 이들에게는 자신의 수준을 향상시켜주는 도전 과제로 인식된다.

이는 원하는 일을 하는 이들의 회복력이 강한 이유이며 이들이 쉽게 포기하지 않는 이유이기도 하다. 노력하고 꾸준히 관심을 가지면 누구나 쉽게 목표를 달성할 수 있다. 누구나 작은 노력을 지속하고 모으면 점점 자신에게 익숙해지고 유능해질 수 있다. 그렇지만 역경 속에서도 그 일을 꾸준히 하는 것은 힘들다. 신경과학자 다니엘 레비틴*Daniel Levitin*의 연구 결과이자, 말콤 글래드웰*Malcolm Gladwell*이 《아웃라이어》에서 소개한 '1만 시간의 법칙'이 말하는 것처럼 지속적으로 같은 자극을 마음과 뇌에 반복한다면 유능해지지 않을 사람이 없을 것이다.

성공의 열쇠인 인내와 지속성을 만드는 비결은 바로 자신이 어떤 일을 하는가에 달려 있다. 일본 경영의 신으로 불리는 이나모리 가즈오*稲盛 和夫*는 《카르마 경영*生き方ー人間として一番大*

切なこと》에서 "노력에 노력을 더하면 평범함은 비범함으로 바뀐다"라고 말했다. 이는 유능함이란 곧 지속적으로 인내할 수 있는가를 일컫는다는 간단한 속성을 지적한 것이다. 자신이 원하고 좋아해야 의욕이 생기고 노력도 하게 되며 결과에 최단 거리로 도달할 수 있다. 무엇보다 자신이 주인이 되어 모든 시간에 흠뻑 젖어 기억할 수 있는 온전한 자신의 삶을 살게 된다. 그 진함이 어찌 행복하지 않을 수 있을까?

내가 누구인지
질문을 던지다

자기방어적 태도는
자기이해의 부족에서
시작된다

우리가 행복하지 못한 근본적 이유는 많은 부분 자신에 대한 이해가 부족한 탓이다. 여행을 떠날 때 아는 만큼 의미 있고 즐거운 것처럼 우리의 삶도 자신을 아는 만큼 행복하다. 희로애락喜怒哀樂의 모든 것이 나에게 이유가 있고 의미가 있기 때문이다.

그런데 우리의 주의가 모두 외부를 향해서만 반응하느라 가장 가까이 있는 자신을 모른다고 생각해보자. 자기이해 지능이라는 것이 있다. 오죽하면 지능이라고 했을까? 이 지능은 자기 자신을 이해하고 느낄 수 있는 인지적 능력을 말한다. 내가 누구이며, 어떤 감정을 가졌고, 왜 이렇게 행동하는지 스스로에 대해 이해하는 힘이다. 자기이해 지능이 높은 사람은 자신을 더욱 가치 있게 생각하여 자신감 있고, 자신을 보다 긍정적으로 평가할 뿐 아니라 자신이 처한 문제를 잘 해결하는 편이다. 왜 그럴까?

자기이해는 내적 동기와 자기존중감에 연결되어 있다. 삶의 질과 행복을 위해서 자기이해는 필수적이다. 사람은 자기결정감, 능력의 확장, 대인관계에 대한 내적인 욕구를 가지고 태어난다. 즉 스스로 뭔가를 결정해서 행동할 때 의욕을 느끼고 그 행동의 과정들에서 점점 자신의 능력이 확장되며, 이런 것들을 사람들과의 관계 속에서 만족스럽게 이루려는 열망을 가지고 있는 것이다.

인간은 내적 동기가 충족될 때 긍정적 정서를 얻고 행복감을 느낀다. 그런데 내적 동기는 자기이해와 맞닿아 있다. 자기이해 지능이 높은 사람은 주변 환경으로부터 스스로를 독립된 존재로 인식하여 휘둘리지 않고 스스로 선택한다. 자기존중감이 높기 때문에 도전적이고 쉽게 포기하지 않는 성향을 가진다. 자기에게 맞는 도전은 끈기와 인내를 높이고 성취의 수준을 높인다. 이들은 도전에 대한 문제를 쉽게 극복하는 의식의 항체를 가지고 있어 역경을 보다 쉽게 극복하는 편이다. 그리고 자신에 대해 잘 알고 있으며 믿고 있기 때문에 두려움을 무난히 극복하는 경향을 가진다.

자기이해는 마음의 문을 열고 흔들림 없이 관계를 성장시킨다. 자기이해는 관계에서도 긍정적 역할을 한다. 자신에 대한 확신과 자신감이 없을수록 타인의 의견에 쉽게 동조하고 휩쓸리게 된다. 자신의 이해가 부족하기 때문에 쉽게 마음의 문을 열지 못한다. 그렇기 때문에 진정한 관계에 몰입하기 힘들며 때로는 자기방어적인 행태를 보이기 쉽다. 자기이해가 부족하면 자신의 감정과 행동에 대한 해석력이 떨어지기 때문에 감정 자체에 쉽게 휩쓸려 관계를 악화시키는 경우가 많다.

좋아하는 것, 싫어하는 것, 참아내고 있는 것, 모두 나를 이루는 조각들

일반적으로 사람은 자신에 대한 통제력과 확신을 가지고 있을 때 편안함을 느낀다. 자기이해의 부족으로 자신의 생각과 느낌이 만든 결과를 의심하고 쉽게 갈등을 느끼면 마음의 문을 열지 못한다. 하지만 자기이해를 통해 무엇보다 자신을 수용하고 인정하는 만큼 세상과 타인을 인정하게 되니 삶이 보다 편안해진다. 마음이 열리고 자신이 소외되지 않는 관계를 만들어나갈 수 있게 된다.

주변의 기준으로 주변에서 요구하는 표피적 이해로는 거짓 자아를 만들기 쉽다. 떨어져 관찰하고 수용하는 것이 필요하다. 자신을 이해하는 것이 어려운 이유는 있는 그대로의 자신을 읽을 기회가 없었기 때문이다. 주변의 기준으로 주변에서 원하는 모습에 맞추고 평가되면서 껍데기로서의 자신만 보았던 것이다. 채워야 할 자신만 보았던 것이고 부족한 자신만 보았던 것이다.

자기이해는 자기수용으로 가는 과정이다. 그래서 있는 그대로 자신을 인정하고 받아들이는 것에서 출발한다. 스스로 인정하기 싫은 면도 변화하는 것이기에 온전히 수용한다. 그리고 부정적인 면보다는 긍정적인 면에 초점을 맞추고 자신을 관찰하는 단계부터 시작되어야 한다. 좀 더 떨어져 있는 그대로 일단 인정하고 받아들이는 마음으로 자신을 관찰하는 것이다.

내가 무엇에 흥미를 느끼고, 왜 감정이 오르고, 의욕이 나며, 참아내고 있는지 관찰하는 것이다. 주변의 조건과 환경을 살피는 것이 아니라 내가 느끼고 반응하는 것이 무엇이었는지 관찰하고 적어보자. 나에 대한 관찰의 조각들이 많아지면 나와의 거리가 줄어들게 되고 삶을 이해하기 시작하며 인정할 것이 많아진다. 그러면 감사와 행복이 가까워진다. 관찰하기 위해서는 조금 떨어져 자신을 바라보고 때로는 질문해야 한다. 그리고 질문에 스스로 답해야 한다.

우월감의 포장을 벗기면
드러나는 열등감

끊임없이
타인의 인정을
요구하는 사람

우리 주변에는 우월감을 사려는
사람이 자기존중감을 높이려는
사람보다 많은 것 같다. 우월감
은 잘 드러나고 자기존중감은 직접적으로 보이지 않기 때문일
까? 아니면 이 둘이 잘 구분되지 않아서 그럴 수도 있다. 단기
적으로 보면 둘 다 무엇인가를 열정적이고 열심히 할 수 있도
록 만드는 동기로 작용한다.

하지만 이 둘은 전혀 다른 결과를 만들어낸다. 같은 결과
라도 세상을 해석하는 논리가 다르다. 우월감이 높은 사람은

결과를 중시한다. 자신의 가치가 결과에 의해 좌우되기 때문이다. 결과가 좋을 때는 우쭐하고 만족스럽지만 부정적 결과에는 크게 좌절하고 쉽게 열등감을 느낀다. 그렇다면 우월감은 열등감에서 출발한 것일까? 정신의학자인 알프레드 아들러Alfred Adler는 이렇게 말했다.

"자기가 타인에 대해 우월한 것처럼 행동하는 모든 사람들의 배후에는 열등감이 숨겨져 있다."

다시 말해 우월감의 비슷한 말이 열등감인 것이다.

반면에 자존존중감이 높은 사람은 과정을 더 중요하게 생각한다. 이들에게는 어떤 일을 해나가면서 자신이 무엇을 느끼고 배우는지가 중요하다. 그래서 결과에 상관없이 자신의 열정을 불태울 수 있다. 부정적 결과를 맞이한다고 해도 그 과정은 새로운 도전과 기회로 해석된다. 성공을 위해서 시도할 새로운 과정에 더 큰 호기심과 가치를 두는 경향이 높다. 이러니 실패를 어떻게 해석할지에 대한 논리가 다를 수밖에 없다.

끊임없이 타인의 인정을 요구하는 우월감은 자신이 하는 일과 시간을 모두 수단화시키는 경우가 많다. 자신의 가치에 대한 판단이 자기가 추구하는 목적에 있는지 아니면 타인의 판단에 있는지에 따라 우월감과 자존감은 차이가 난다. 끊임없이 타인의 인정을 요구하는 우월감은 자신이 하는 일과 시간을 모두 수단화시킨다. 아무리 열심히 했다고 해도 결과가 좋지 못하면 의미를 찾기가 어렵다. 성공했다는 평가를 내릴 수 있는 경우에도 어떤 상대와 비교해서 그 결과가 더 좋지 못하면 성공을 인정하기 어렵다.

아이들이 벌이는 즐거운 놀이처럼

자기존중감이 높은 사람은 자신이 하는 일의 목적이 그 일 자체인 경우가 많다. 타인의 인정을 받기 위해서가 아니라 그 일을 하는 것이 의미 있고 즐겁기 때문이다. 그 일을 하는 것만으로도 충분한 보상이 된다. 아이들이 놀이를 하듯이, "왜 그것을 하니?"라고 물으면 타인의 인정과는 상관없이 "재미있으니까요"라고 대답한다. 놀이나 레저 스포츠 외에도 우리가 하는 일에 스스로 의미가 부여된다면 이것은 '자기목적적^{autotelic}' 행동이 될 수 있다.

자기존중감과 우월감의 균형이 깨지고 나면 우월감은 인간에게서 자신감과 자기가치를 빼앗아 타인에게 넘겨주게 된다. 자기가 좋아서 열심히 하는 자기목적적 행동의 바탕에는 우월감이 아닌 자기존중감이 자리하고 있다. 타인의 기대와 도 호흡하지만, 타인의 인정에 좌우되지는 않는다. 우리 행동 의 동기를 타인의 인정이나 타인과 비교하여 나오는 우월함 에 빼앗기지 말고 자신의 즐거움과 의미, 그리고 자기 능력의 확장에 두어야 한다.

　우리가 세상의 역경을 뚫고 원하는 것에 몰입할 수 있는 방법은 그 일을 하는 의미와 가치에 대해 자신만의 '해석 논리' 를 가지는 것이다. 타인이나 주변이 아니라 오직 자신의 이유 를 가지면 된다. 인간은 주변의 환경을 스스로 헤쳐나갈 수 있 다는 자신감을 느끼기를 갈망한다. 인간이 호기심을 가지고 끊임없이 학습하려는 이유는 자신감을 느끼려는 욕구 때문이 다. 호기심을 가지고 도전하고 탐구하는 어린 아이들을 보면 자신감에 대한 욕구가 진화적으로 얼마나 중요한지 실감할 수 있다.

　인간은 여럿이 모여 사회를 이루고 살았다. 집단을 떠 나서는 생존이 힘들었던 환경 속에서 자신이 수행하는 역할 을 통해 인정받아야만 했던 사실을 되새겨보면 우월감에 대 한 집착도 이해할 수 있다. 하지만 우월감은 타인에게서 확인 하려는 자신의 가치다. 이때 타인이 만족하지 못하거나 1등이 아니게 되면 자신에 대한 믿음을 지켜내기가 힘들어진다. 우월감에 집착하는 것을 경계해야 하는 이유다.

타인의 인정을 바라지 않을 때 자신을 용서할 수 있다

자기존중감은 삶의 역경에 대한 회복력을 더욱 더 활성화시킨다. 오히려 역경이나 실패는 자신을 발전시키는 원동력으로 해석된다. 김정일 박사의 《나는 다만 하고 싶지 않은 일을 하지 않을 뿐이다》라는 책의 제목을 접하고는 우월감을 사기 위해서 나의 모든 우선순위를 세상에 바쳤던 자신을 통렬하게 반성한 적이 있다. 위의 제목을 바꿔 말하면 "나는 단지 내가 하고 싶어서 할 뿐이다"라고 할 수 있다. 행동의 기준과 의미, 그리고 결과에 대한 판단은 모두 나 자신에게 있다. 일어난 결과에 대한 수용과 새로운 도전이 깃들어 있는 말이다. 해석 논리가 자신을 기준으로 움직이게 된다.

우월감과 자기존중감은 성공이라는 결과 앞에서 표면적으로 차이가 나지 않을 수 있다. 그 차이는 실패나 역경에 앞에서 확연하게 드러난다. 우월감은 장기적으로 회복력을 갖기 힘들지만 자기존중감은 회복력을 더욱 활성화시킨다. 자기존중감 있는 이들에게 역경이나 실패는 오히려 자신을 발전시키는 원동력으로 해석될 것이다.

　성공의 자리에서도 우월감은 홀로 돋보일지 모르지만, 자존감은 주변의 많은 사람을 함께 그 잔치로 끌어들이게 된다. 꼭 1등이 아니어도 되고 완벽하지 않아도 된다. 주변의 사람들을 물리치고 인정받을 필요가 없기 때문이다. 그러니 그 성공을 확장하는 계기를 만들어내기가 수월하다.

　우월감과 자기존중감을 구분하는 것부터 진정한 자기존중감과 행복의 자리가 만들어진다. 타인의 인정이란 끈을 놓아버릴 때 좀 더 쉽게 자신을 용서할 수 있다. 실패한 것만 같은 자신의 행동에 대한 가치와 의미가 명확해진다. 그리고 내가 달렸던 시간은 자신을 위한 도전의 시간으로, 하나도 버릴 게 없는 소중한 자산이 된다. '나는 단지 내가 하고 싶어서 하는 것이다.' 유행처럼 바뀌며 떠도는 '세상의 기준'에서 벗어나 자기 삶의 주인으로 실패와 성공을 반죽할 수 있는 힘을 키워가는 것이 인생의 길에서 인간이 지닌 숙명 아닌가 생각하게 된다.

자신에 대한 공감이
곧 치유다

몸에 흔적을 남긴 채
화산처럼 폭발해버리는
출구 잃은 감정

두 아이가 굴뚝 청소를 하고 방금 밖으로 나왔다. 한 아이는 얼굴이 새까맣게 그을렸는데, 한 아이는 깨끗하다. 여기서 어느 쪽 아이가 얼굴을 닦을까? 당연히 새까맣게 그을린 아이가 닦아야겠지만 그렇지 않다. 오히려 깨끗한 아이가 얼굴을 문지른다. 인간은 '관계' 그 자체라는 말이 있다. 인간은 관계 속에서 타인을 거울삼아 자신을 개념화한다. 자신을 인식하는 것은 타인을 통해서 이루어진다. 그래서 타인을 공감한다는 것은 자신을 인식하고 관계를 원만하게 이끌어 나가는 데 중요할 수밖에 없다.

여기에 맹점이 하나 있다. 타인을 바라보는 데 주력하다가 정작 진짜 자신을 바라보기 힘들어지기도 한다. 그래서 자신을 잘 모르는 사람도 많다. 당연히 자신의 감정과 느낌을 이해하고 공감하는 데 익숙하지 않다. 남은 잘 공감하려고 하면서 자신의 감정은 이해하고 다독여주지 못한다. 그래서 자신이 느끼는 슬픔과 분노, 불안 그리고 갈등 속에 허우적대며 살아가는지 모른다. 공감의 시작은 자기 자신임에도 늘 타인과의 소통과 공감만 강조하며 자신을 억누르며 살고 있는 것은 아닐까?

늘 들어도 위안이 되는 철학자 바뤼흐 스피노자*Baruch Spinoza*의 명언이 있다.

"감정, 고통스러운 감정은 우리가 그것을 명확하고 확실하게 묘사하는 바로 그 순간에 고통이기를 멈춘다."

자기공감의 위력을 이렇게 확실히 설명한 문구가 또 있을지 모르겠다. 고통스러운 감정과 마음에서 헤어나지 못하는 것은 정체된 감정의 에너지가 출구를 찾지 못한 탓이 아닐까 생각한다. 우리의 감정은 해소되지 못하면 항상 몸에 흔적을 남긴다. 그리고 언젠가는 화산이 폭발하듯이 터져나오게 된다. 고통스러운 감정은 자신을 봐달라는 아우성 아닐까? 그 의미를 알아달라는 것이고, 그 의미를 알게 되면 정체된 감정은 출구를 찾아나와 정확한 행동을 만들 수 있는 기대감을 만든다. 자신과의 공감 그리고 소통은 모호하고 억눌렸던 자신에 대한 사랑인 셈이다.

나에게 사랑을 베풀 때 찾아오는 치유의 단맛

어떤 목표를 향해 열심히 내달리고 있을 때 유독 자신에게만은 철저히 냉정한 사람이 있다. 역경 앞에서 쉬고 위로하는 것은 자신을 나약하게 만들고 사치를 부리는 것처럼 인식하는 사람도 있다. 자신과 소통하는 방식이 오직 한 방향뿐인 사람들이다. 이때 길이 막히면 희망을 잃어버린다.

　자신을 다그치기만 하는 사람은 자신을 공감하고 이해할 출구를 찾지 못한다. 결국 방향을 잃어버리고 스스로를 묶어버리기도 한다. 자기공감이 치유가 되는 이유는 고통스러움을 해결할 해답이 '나'에게 있기 때문이다. 자신을 이해하고 위로할 수 있을 때 우리는 카타르시스를 느낀다. 타인에게 공감하듯이 자신을 친절하게 대하고 이해하려고 할 때 치유는 시작된다.

　다양한 방식으로 이루어지는 자기소통은 언제나 치유와 명확한 방향, 그리고 행동을 리드하는 후련함이 함께 하는 듯하다. 외부로 향해 있는 공감과 질문들을 자기 안으로 끌어들일 때 고통스런 감정 너머에 있는 자신을 보고 더 가까이 다가갈 수 있을 것이다. 자신의 고통을 막아서지 않고 귀 기울여 공감할 때 우리는 치유의 과정에 더 가깝게 설 수 있다. 보다 친절하게 들여다보고 위로할 수 있을 때 해답이 자신에게 있다는 것을 알게 되고 스스로 가두었던 빗장을 풀게 된다. 우리는 자기공감의 노력이 주는 치유의 단맛을 누릴 필요가 있다.

욜로^{YOLO, You Only Live Once}라는 신조어가 있다. 우리는 모두 한 번 뿐인 인생을 살고 있다. 예습한 다음 더 좋은 삶을 살 수는 없다. 욜로의 삶을 사는데 가장 중요한 것은 바로 '나와의 소통' 이다. 세상을 보는 창이 바로 나 자신이고 무엇을 보든 이를 해석하는 것도 나 자신이기 때문이다. 가장 많은 소통이 필요한 대상인데 오히려 잘 모르는 경우가 많다. 알고 있다고 착각할 뿐이다. 세상에는 공짜가 없는 듯하다. 만난만큼 소통은 이루어진다. 이제 나와 소통하는 방법을 알아보자.

1. 매일 질문을 던지고 대화를 시작하기

"오늘 내가 가장 흥미로웠던 순간은 뭐지?"

"표현은 안했지만 가장 화났을 때는 언제지? 왜 화가 치밀어 올랐을까?"

"내가 칭찬해주고 싶은 일은 뭐지?"

이렇게 어떤 질문이라도 스스로에게 한 번씩 던지고 답을 해보자. 답은 직접 적는 것이 좋다. 언어는 사고를 명확하게 하고 쓰는 동안 뇌는 가장 유기적으로 움직이기 때문이다.

한 달치 질문을 모두 만들어두면 질문이 없을 때 유용하다. 생각나는 질문이 있으면 추가하면 된다. 질문을 할 수 있는 만큼 자신을 또렷하게 알 수 있다.

2. 자신의 감정과 감각을 적기

의외로 자신의 감정과 감각을 구분하는 데 어려움을 겪는 사람이 많다. 외부에 반응하느라 자신의 감정과 감각에 대한 이해가 부족하다. 이성은 그 감정과 감각으로 형체를 잡는다. 감정과 감각에 대한 이해와 자신감에서 갈등은 줄고 존중감은 늘어간다. 자신의 느낌을 언어나 단어로 표현하는 연습을 자주 하자. 감각과 감정을 나타내는 단어집을 들고 해도 좋다.

3. 자신에게 중요한 가치 단어 적기

매일 일기처럼 적어도 좋고 게임처럼 시간을 정해놓고 해도 좋다. 자신이 중요하게 생각하는 가치에 대한 단어를 반복해서 적어보는 것이다. 성격 진단이나 성향 분석에서는 가치에 따라 정밀하게 사람의 성향을 구분한다. 가치는 무의식적 방향을 만들고 판단과 행동의 기준을 만들어준다. 가치는 신념과 태도를 만들고 행동을 이끌기 때문이다. 가치에는 자기 존재의 이유가 연결되어 있다. 매일 저녁 자기 전에 자신이 오늘 중요시 했던 가치 단어를 네모 칸이 만들어진 노트에 도전적으로 적어보자.

4. 흥미, 욕구, 강점 등에 대해 알기

자신에 대한 흥미, 욕구, 강점, 스트레스 반응 등은 자신이 잘 알고 있다고 생각하는데 그렇지 못할 때도 있고 확인과 지지가 필요한 경우도 많다. 때로는 타인과 주변 문화에 묻혀 있어 잘못 이해하는 경우도 흔하다. 긍정심리학의 강점 진단인 VIA*Value In Action* 테스트나 자신의 흥미, 욕구, 스트레스 반응을 다측면으로 알려주는 버크만*Birkman* 진단을 이용해도 좋다. 여기에서는 가치에 대한 상세 분석도 가능하다. 그리고 갤럽 강점진단*Gallup Strengths Finder*도 자신을 현실적으로 더 잘 알 수 있는 이해를 돕는다. 이런 진단의 결과를 친한 사람들과 나눠보는 것은 자기소통과 확신에 많은 영양분을 제공한다.

5. 자기명상하기

위로도 해본 사람이 잘 한다. 매일 자신을 위해 몇 줄의 명상을 한다. 예를 들어 조용히 눈을 감고 "어떤 경우에도 내가 느낀 분노를 내가 잘 다스릴 수 있기를⋯", "나 자신이 미움에서 자유롭기를…", "나 자신이 증오, 짜증, 분노, 악한 의도 등에서 벗어나기를…", "내가 원하는 목표를 향해 끈기 있게 나아가기를…" 등 자신에 대한 위로와 선한 지향에 대해 명상하고 기도하는 것이다. 이렇게 평소 자신의 주의를 안으로 돌리면 자연스럽게 성찰하고 자신과 소통하게 된다.

Class II

'나'라는 사람을
이해하기

나를 가둔
장막 걷어내기

**실패와 고통이 학습되면
우리의 무의식은
무기력함에 지배당한다**

파이크 신드롬*Pike Syndrome*이라는 용어가 있다. 파이크는 물고기의 한 종인데, 이 녀석을 수족관에 넣어 키운다. 그리고 먹이가 되는 작은 물고기를 유리벽으로 차단하여 넣어준다. 파이크는 작은 물고기를 먹기 위해서 필사적으로 공격하고 덤비지만 그래봐야 유리벽에 부딪혀 상처만 입는다. 나중에는 그 유리벽을 치워도 먹이를 잡을 시도조차 하지 않는다. 먹잇감이 유유히 헤엄쳐 다녀도 절대 잡아먹지 않는다. 작은 물고기를 공격할 때마다 반복적으로 학습해야 했던 실패와 고통 때문에 유리벽이 사라졌음에도 아무런 행동을 하지 못하는 것을 파이크 신드롬 또는 유리벽 효과라고 한다.

우리는 여러 가지 장애물로 인해 우리가 원하는 것을 획득하지 못하는 경우가 많다. 그 장애물은 자신이 어찌할 수 없는 거대한 환경적 문제라고 생각하지만 사실은 자신이 가진 장막일 때가 많다. 과거의 내가 할 수 없었다고 해서 현재의 나도 할 수 없다는 것은 아니다. 알면서도 극복하고 받아들이기 어려울 뿐이다. 이렇게 학습된 장막은 너무도 익숙하게 우리의 무의식에서 의식을 지배한다.

사카린으로 단맛을 낸 미량의 물로 쥐를 죽일 수 있을까? 로체스터 대학교의 실험심리학자 로버트 애더$^{Robert\ Ader}$ 박사는 쥐에게 위통을 유발하는 주사와 함께 사카린이 가미된 단물을 먹였다. 이후 위통을 유발하는 주사를 중지하고 단물만 먹이려 했지만 쥐들은 절대 입을 대지 않았다. 그래서 물을 강제로 먹이기 위해 점안기를 이용했는데, 쥐들이 모두 죽어버렸다.

위통을 유발하는 주사가 쥐들의 면역 체계를 파괴해서 죽게 만든 것일까? 주사약은 너무 미량이라 그런 영향을 줄 수 없었다. 추가 실험 결과, 사카린을 가미한 물이 마치 면역체계를 떨어뜨리는 약물을 주입한 것처럼 작용했다는 사실을 발견했다. 즉 쥐의 학습된 신체적 반응 때문에 단지 달달할 뿐인 물 몇 방울이 쥐를 죽이는 기제로 작용한 것이다. 사람에게도 전혀 위험하지 않은 것들이 극단을 만들어내는 장막으로 자리할 수 있다. 어떻게 이런 일이 가능한 것일까?

나에게 비롯된 유리벽에 가로막힌 나, 그리고 회복력

사람은 현재를 살지만, 많은 부분 기억으로 산다. 현재 오감으로 들어오는 정보는 그대로 해석되는 것이 아니라 기존의 기억과 연결되어 조정되고 해석된다. 그래서 늘 모든 것이 새롭지는 않다. 조정과 생각, 판단을 담당하는 기관인 전두엽은 지금 들어오는 정보를 과거에 저장된 기억 정보와 비교한다. 그리고 익숙한 정보일 때는 더 이상 개입하지 않는다. 효율성을 위해서 뇌를 적게 쓰기 위한 방안이다.

뇌로 들어오는 자극이 동일하게 반복되면 계속해서 우리의 주의를 끌기 어렵다. 자극이 습관화되었고 이미 기억에 있는 것이기 때문이다. 이러한 현상을 잠재억제*latent inhibition*라고 한다. 이런 뇌의 기능 덕분에 우리는 새롭고 중요하지 않은 뻔

한 자극을 무시할 수 있다.

하지만 이런 효율성은 언제나 양날의 칼이다. 이 잠재억제가 너무 강할 때 우리는 조금씩 변화하는 현실의 속성을 망각하고 현실이 아닌 기억으로 살게 된다. 이렇게 우리는 현재를 살면서도 현재에 존재할 수 없게 된다. 이런 장막은 누구에게나 존재한다. 내 앞의 장막이 실제인지 아니면 과거의 기억 속에 남아 있는 장막인지 항상 스스로에게 물어봐야 한다.

생각하는 인간에게 의식이란 기억을 기반으로 한다. 강한 기억이 있고 느슨한 기억이 있다. 이런 기억에 따라 선입관도 생기고 고정관념도 생긴다. 이런 생각 시스템, 즉 기억과 습관 그리고 선입관과 고정관념들 덕분에 빠르고 효율적인 판단과 행동을 할 수 있지만 자신을 영원히 가둬버리는 불행의 시작점이 될 수도 있다.

똑같은 역경이라도 어떤 사람은 쉽게 극복하지만 어떤 사람은 절망의 나락으로 떨어지기도 한다. 역경을 극복하는 능력을 회복력resilience이라고 하는데, 사람마다 그 능력의 차이가 있다. 이 회복력을 강화하는 방법 중에 생각의 시스템을 변화시키는 훈련이 있다. 사람들을 절망에 빠뜨려 헤어나지 못하게 하는 생각의 맹점을 바꾸게 하는 방법이다. 충분한 정보 없이 사물이나 상황의 작은 부분만 보고 판단하는 속단, 수많은 정보 중에서 특정 정보에만 지나치게 매몰되어 해석하려고 하는 터널시야, 한 부분만 보고 전체를 판단해버리는 과잉일반화, 일부 감정에 따라 전체를 결론지어버리는 감정적 추론과 같은 것을 극복하는 것이다. 속단, 터널시야, 과잉일반화, 감정적 추론은 사람의 인식을 빠르고 효율적으로 돕지만 현실을 잘못 바라보게 하는 역할을 하기도 한다. 모두 있는 그대로 받아들이지 않고 기존의 경험과 기억에 비춰 이를 진짜라고 믿고 판단하게 만든다.

우리의 경험과 기억들이 만든 생각의 틀은 우리의 신념과 믿음으로 자리한다. 우리는 이러한 신념과 믿음을 바탕으로 세상을 빠르게 인식하고 반응하지만 우리의 감각과 감정을 장악하고 생각과 행동을 만들어낸다. 빙산에서 보이는 부분보다 보이지 않는 부분이 훨씬 크듯이 우리 속에 있는 '빙산 믿음'이 우리의 현실로 나타나는 경우가 더 많다.

때로는 쉽게 걷어낼 수 있는 이런 생각 속 빙산에 갇혀 아우성치는 것이 우리 자신일 수 있다. 혹시 내가 이러지도 저러지도 못하는 사이 그 앞에 존재하던 유리벽이 단지 생각 속에서만 오래도록 자리 잡고 있는 허망한 장막은 아니었을까?

실패가 아닌
두려움을 경계하라

한 번도 넘어지지 않고
걸을 수 있게 된
사람은 없다

누구나 어떤 일을 시작하면서
실패를 목적으로 삼지는 않는
다. 하지만 가만히 생각해보면
성공을 위해 일하기보다는 실패하지 않으려고 일하는 것처럼
느껴질 때가 있다. 마치 실패를 피하기 위해서 행동한다는 생
각이 든다. 한 번의 실패가 치명적인 결과를 초래했던 경험을
가진 사람이라면 더더욱 그렇다.

사실 실패했거나 실패할 수 있다는 사실보다는 실패에
대한 우리의 생각이 삶을 더욱 힘들게 한다. 실패가 곧 패배

고 끝이라는 인식이 희망의 경로를 차단하기 때문이다. 실패에 대한 입장과 해석을 바꾸지 않고서 우리는 결코 두려움에서 벗어날 수 없다. 어떤 도전도 만들어낼 수 없고 그 어떤 새로움도 경험하기 쉽지 않다.

실패가 성공의 과정에서 발생하는 부수적인 것임에도 불구하고 그 공포를 쉽게 떨쳐내지 못하고 긴장한다. 실패하지 않으려는 두려움과 노력이 성공의 확률을 조금 높여 줄지는 몰라도 성공은 그렇게 단순히 만들어지지 않는다. 성공은 수많은 다른 성공을 먹고 자란다. 하지만 바로 그 성공은 더 많은 실패의 경험이 만들어준 것이다.

성공하는 사람과 그렇지 못한 사람을 가르는 가장 정확한 기준은 바로 실패에 대한 견해일 것이다. 성공하기 위해서는 물리적으로 들이는 지속된 시간이 반드시 필요하다. 그 지속된 시간이 숙련을 만들고 성공을 만들어낸다. 대부분 부정적으로 자리 잡은 실패의 기억은 지속성을 방해한다. 그래서 실패에 대한 견해를 바꾸지 않고는 성공하기 어렵다. 실패는 뭔가를 성취해 나가는 과정에서 발생하는 자연스런 현상이고 필수적인 단계다. 단지 자연스러운 것으로 받아들이고 그 속에 존재하는 성공의 힌트를 읽어내면 된다.

도전해보기도 전에
패배한 실패자로
남을 것인가

요즘 같이 경쟁이 심한 시대에는 성공이란 가치의 기준이 타인에 의해 평가받고 경쟁자에 의해 겉으로 결정되는 듯이 보인다. 실패를 너그럽게 받아들이려면 더 많은 용기가 필요하다. 그래서 실패에 대한 견해를 바꾸는 것은 자신의 가치를 찾고 타인의 가벼운 시각에서 벗어나야 가능하다. 실패는 마음속에서 증폭시킬 대상도 아니고 그렇게 집착하여 관리할 대상도 아니다. 어떻게 보면 큰 성공, 최종적인 성공을 위한 작은 디딤돌이 실패인 것이다.

실패는 그저 존재하는 하나의 사실에 불과하다. 하지만 실패를 원하는 사람이 아무도 없는 탓에 우리는 그 존재를 부정하고 부풀리는 경향이 있다. 그리고 그 부풀려진 통증이 우리를 지배하도록 내버려두거나 심지어 정당화하기 다반사다. 실패를 굳이 성공의 어머니라고 치켜세우고 의미부여하지 않더라도 실패는 내가 원하는 것을 해나가는 과정에서 일어나는 또 다른 하나의 결과일 뿐이다.

이런 사실을 조금 떨어져서 바라본다면 감당해야 할 현실적 무게가 존재하더라도 그 무게를 부풀리며 마음까지 녹슬게 하지는 못할 것이다. 그 녹이 자신의 가능성까지 삼키도록 하지 않을 것이다. 적어도 실패가 마냥 두려워 피하거나 망설이는 일은 줄어들게 된다. 그리고 자신이 원하던 결과에서 자신이 점점 멀어지도록 스스로 비하하는 일은 만들지 않을 것이다.

　공기의 저항이 없으면 비행기는 날 수 없고, 물의 저항이 없으면 배는 뜰 수 없다. 비행기를 하늘로 띄우는 양력과 배를 물에 띄우는 부력은 모두 저항에서 비롯된 힘이다. 그 누구의 성공도 실패의 저항 없이는 제대로 일어날 수 없었을 것이다. 실패를 그저 살아가면서 일어나는 하나의 사실로 받아들이고, 실패도 그 역할과 의미가 존재함을 수용하는 것만으로도 우리의 회복력은 강해진다. 아니, 회복력이 강해지는 것이 아니라 불필요하며 감정적이고 의식적인 낭비를 줄이고 원래의 가치와 능력을 활용할 수 있게 된다.

　한순간도 변화하지 않는 것은 없다. TV 드라마 중 〈추노〉라는 작품이 있다. 여기에 등장하는 도망 노비 언년이는 이 세상에서 가장 무서운 것이 "세상은 절대로 변하지 않는다"는 것이라고 말한다. 세상이 고정불변이라고 믿을 때 진정한 약자로, 노비로 전락하는 것이다.

　실패는 실패로 끝나지 않는다. 세상을 좀 더 의욕적이고 활력 있게 살려면 실패가 성공을 위한 작은 퍼즐 조각임을 받

'나'라는 사람을 이해하기

아들여야 한다. 그래야 성공과 실패를 떠나서 인생의 질곡 속에서 진정한 자신만의 행복을 주도할 수 있다. 실패의 아픈 통증에서 빨리 물러나 그 실패가 가리키는 성공의 방향을 흥미롭게 읽을 수 있어야 한다. 그리고 실패를 당하는 사람이 아니라 실패를 관찰하는 주체가 되어야 한다. 실패의 아픔 때문에 실패가 보내는 성공의 신호를 묻어버려서는 안 된다.

20세기 최대의 발견,
'마음이 인생을 바꾼다'

세상은
나의 의도에 따라
변화한다

두 명의 사람이 여행을 한다. 둘은 똑같은 장소에 있었는데도 기억하는 것이 다르다. 여러 명이 동시에 바로 눈앞의 영상을 같이 보고 있어도 비슷한 일이 벌어진다. 어떤 사람은 봤지만 어떤 사람은 전혀 보지 못하는 장면이 생기는 것이다. 같은 것을 보고 들어도 주의attention를 기울인 지점이 다르기 때문이다.

현실에 존재하더라도 주의를 기울이지 않으면 그것은 존재하지 않는 것이나 마찬가지가 된다. 주의가 성립되지 않으면 기억도 의식도 없다. 우리의 생각과 마음은 결국 주의가 성립되는 순간부터 만들어진다. 사람들이 어떻게 인식하고 생각하는지는 바로 주의를 어떻게 활용하는지에 달려 있다. 주의를 집중하라는 말은 자신의 주의를 목적에 맞게 관리하라는 것이다.

중요한 것은 우리의 주의가 의도에 따라 통제되지 않으면 지극히 반응적이고 습관적으로 움직인다는 사실이다. 멍하게 있을 때는 큰 소리가 나는 쪽으로 주의가 자동반사적 움직임을 보인다. 주의는 특별한 의도가 없으면 늘 하던 대로, 습관적으로 이동하고 생각과 행동을 만들어낸다. 자신의 주의를 조절하지 못하고 내버려둔다는 것은 새로운 의도나 생각이 없다는 뜻이다.

사람의 뇌는 세상의 모든 정보를 처리할 수 없기 때문에 주어진 자극들 중에서 필요한 정보만 골라 선택적으로 수용하고 처리한다. 모든 자극에 주의를 기울이지 못하기 때문에 어떤 틀을 가지고 우선순위를 매겨서 일부분만 수용하고 반응하게 되는 것이다. 흔히 개인의 가치관이라는 것도 이런 틀 중 하나라고 할 수 있다.

심리학에서는 세상을 보는 창을 프레임*frame*이라는 용어로 표현한다. 우리가 세상을 바라볼 때 자기방식의 프레임에 맞춰진 창을 통해 본다는 의미다. 프레임은 무언가를 효율적으로 인식하도록 돕지만 그 틀을 벗어나 생각하기 힘들게 한다는 한계를 가지고 있다.

이를 반대로 뒤집어보자. 우리의 사고를 바꾸려면 마음의 프레임을 바꾸면 된다. 인간은 자신의 의도에 의해 주의가 관리되고, 그 주의는 세상을 보는 프레임을 만든다. 그리고 그 틀에 의해 생각하고 행동한다. 새로운 생각을 하려면 프레임을 바꾸라는 의미다.

멀쩡한 우유를
마시고도
식중독에 걸리다

위약 효과, 즉 플라시보 효과 *placebo effect*는 누구나 잘 알고 있는 이야기다. 이는 질병에 직접적인 관련이 없는 가짜 약이나 비타민을 주었을 뿐인데 환자의 증상이 말끔히 낫거나 호전되는 경우를 말한다. 환자는 그것이 진짜 약인 줄 알고 믿었기 때문이다.

물론 그 반대인 노시보 효과 *nocebo effect*도 있다. 어느 TV 다큐멘터리에서 가짜 우유로 실험을 한 적이 있다. 기능성 우유를 개발해서 시음회를 열었다며 시음자를 모집했다. 처음 기능성 우유를 먹은 사람은 칭찬 일색이었다.

그런데 그 순간 다른 시음자가 복통을 호소하며 나갔다. 시음을 집행하는 쪽에서는 임상을 거친 우유이기 때문에 이상이 없으며, 혹시나 어떤 문제가 있다면 즉시 연락하라고 안내하며 행사를 계속했다. 연속된 시음에서 이전과 같은 칭찬 일색의 반응은 점점 줄어들었지만 어쨌든 시음회는 무사히 마칠 수 있었다.

그런데 그 다음 날 시음회에 참여했던 어느 여성이 몸에 문제가 있다며 찾아왔다. 그 여성은 실제 식중독 증세와 똑같은 증세를 호소했고 신체적으로도 흔적이 나타나 있었다.

하지만 시음회에서 사용한 우유는 기존에 흔히 먹던 아주 건강한 우유였다. 그 여성의 '생각'이 식중독 증세를 만들어 낸 것이다. 우려와 부정적 생각에 대응하기 위해 몸이 만들어 낸 면역반응이었다.

우리의 생각은 곧 신체 반응으로 연결된다. 당장 눈을 감고 아주 맛이 신 레몬을 생각해보자. 나도 모르게 침이 흘러나올 것이다. 뇌과학에서는 인간 두뇌의 작용원리로 다음의 세 가지를 언급한다.

• 뇌는 변화한다.

· 몸과 뇌는 하나의 시스템으로 작용한다.

· 뇌는 믿는 대로 정보를 처리한다.

우리의 두뇌는 믿는 대로 정보를 처리한다. 믿는 것이 곧 틀이며 프레임이 되어 생각하고 마음을 이끌게 된다. 현대 심리학의 아버지라고 불리는 윌리엄 제임스*William James*는 "20세기 최대의 발견은 마음가짐을 변화시켜 그 사람의 인생을 바꿀 수 있다는 사실이다"라고 말한다.

생각과 마음은 분명 그 사람의 행동과 결과를 변화시킨다는 결론이다. 그 마음가짐이라는 것이 믿는 것, 프레임, 생각과 마음의 기술인 셈이다.

의도가 나의 주의를 선택적으로 집중하도록 한다. 그리고 세상의 모든 색깔을 바꾸고 이야기를 바꾼다. 내 앞에 닥치는 수많은 사건을 해석하고 대응하기에 앞서 내가 원하는 대로 생각과 마음의 틀을 만들어두는 것이 먼저다. 이렇게 질문해보자.

"평소 당신이 주의를 할당하고 생각하는 기준과 틀에는 어떤 것이 있습니까? 그리고 그런 기준은 당신이 원하는 것입니까?"

지금 내가 보는 현실이
전부가 아닐 수 있다는
의심

이미 현실에 나타난 사실은 바꿀 수 없어도 생각할 수 있는 기준과 틀은 우리가 선택할 수 있다. 그럼에도 타의에 의해 반복되고 굳어져 만들어진 프레임으로 자신의 생각과 해석에 얽매여 참으로 많은 시간 마음고생 한 것을 후회할 수도 있다.

하지만 이것이 습관적이고 반응적인 주의를 쓰고 있는 우리의 현실이다. 우리가 생각하는 기준이 되는 프레임이 너무 확고한 나머지 머릿속에서 결론 내려진 생각이 곧바로 현실이라고 믿기 쉽다. 생각이든 감정이든 그것은 현실도 아니고 나 자신도 아니다. 그저 생각이고 감정일 뿐이다.

자신의 생각을 현실의 전부라도 믿지 말자. 그것은 수많은 생각들 중에서 우선적으로 또는 습관적으로 선택된 생각일 뿐이기 때문이다. 그냥 익숙하게 만들어진 틀에 의해서 습관적이고 반응적으로 만들어졌을 수 있다는 것이다.

천천히 들여다보면 우리가 선택할 수 있는 가능한 생각은 훨씬 다양하다. 그중에서 무엇을 선택하여 생각하고 행동하는가도 우리의 선택일 때가 많다. 생각과 마음의 기술은 우리 머릿속에 우리가 원하는 프레임을 만들어두는 것이다. 그리고 일상적으로 우리의 주의가 그 프레임을 통과하며 기억하고 생각하고 행동하도록 하는 것이다.

결국 자신이 원하는 생각, 좋은 생각을 많이 해야 한다. 자신의 주의를 원하는 곳에 많이 두고 상호작용하라. 그러면 그것이 생각의 프레임이 될 테니.

'나'라는 사람을 이해하기

모든 게 내 탓인 것만 같은
자기비난의 욕구

잊으려고 발버둥칠수록 선명해지는 과거의 아픈 기억

불안, 분노, 스트레스와 같은 감정은 없애거나 생각하지 않으려고 하면 할수록 더욱 강해지는 역설적인 면을 가지고 있다. 뭔가를 스스로 통제하려는 인간의 욕구 때문에 그렇다. 원시시대를 떠올려보라. 주변을 얼마나 통제하느냐에 따라 인간의 생존율은 달라졌다. 그러니 본능적으로 강한 통제 욕구를 지니는 것은 당연하다.

또한 스스로 주변을 얼마나 잘 통제하고 있느냐 하는 느낌은 '자신이 얼마나 유능하고 만족스러운가'를 평가하는 기준처럼 인식되어 왔다. 그래서 자신이 주변을 통제하고 있다는 믿음은 사람을 강하고 건강하고 행복하도록 만든다.

하지만 양날의 칼처럼 불안과 분노, 스트레스를 대상으로 한 통제 욕구는 사람을 무척이나 괴롭히는 존재가 된다. 없애려고 노력할수록 더 강해지고 자주 발생한다. 어떤 이유로 발생하는 불안은 자연스러운 것이다. 이는 우리 몸의 감각이 뭔가를 대비하라고 보내는 신호이기 때문이다.

그런데 현실에서는 이렇게 발생한 불안에 우리의 생각이 더해져 증폭되는 결과를 보인다. 이를 심리학자 스티븐 헤이즈*Steven Hayes*는 불결한 불안*dirty anxiety*이라고 정의하는데, 여기에서 벗어나는 방법은 그 불안을 "그렇거니" 하고 내버려두는 것이다. 이러한 자세가 훈련되어야 불결한 불안에 시달리지 않을 수 있다. 어쩌면 우리는 전념해야 할 대상을 내버려두고 이런 역설에 묶여 엉뚱한 고민으로 세월을 보내고 있는지도 모른다.

미국의 심리학자 대니얼 웨그너*Daniel Wegner*는 원하지 않는 머릿속 정보를 우리가 얼마나 통제할 수 있는지 실험했다. 그는 실험에 참가한 이들을 두 집단으로 나눴다. 그리고 그중 한 집단에만 흰곰을 생각하지 말라는 지시를 내렸다. 참가자들은 지시 사항을 들은 뒤 실험 과제를 수행해야 했다. 하지만 생각하지 말라는 요구를 들었던 집단이 오히려 흰곰을 평균 7번 더 많이 떠올렸다. 우리는 무언가를 의식하지 않으려고 애쓸수록 더 의식하게 되는데, 이를 흰곰 효과*white bear effect*라고 부른다. 생각의 역설이다. 떨쳐버리고 싶은 과거를 떨쳐내지 못하고 더 고통스러워지는 것이다.

우리의 마음에는 아이러니한 측면이 한 가지 더 있다. 주변을 통제하려는 통제 욕구는 역경이 생겼을 때 이를 적극적으로 극복할 수 있는 힘을 제공해준다. 하지만 무작정 자신의 힘으로 상황을 통제하려는 욕구는 자신과의 싸움 그리고 자기비난으로 이어져 오히려 위기 극복을 방해할 수도 있다. 우리는 어쩔 수 없었던 상황에서조차 "내가 다르게 행동했더라면"이라며 후회한다. 가정과 착각을 통해서라도 우리는 모든 상황을 자신의 통제 안에 두려고 시도한다. 어떤 경우에서든지 힘을 잃고 싶지 않은 인간의 욕심 때문이다.

인간의 한계를 인정하는 것이 우리를 더욱 성숙되고 건강하게 만든다. 자신을 비난해가면서까지 뭔가를 제약하고 조종할 수 있다고 착각하는 것은 우리를 더 나약하게 한다. 우리를 행복하게 하는 지혜는 자신의 한계를 인정하고 받아들이는 데 있다. 우리가 인정하고 싶지 않은 일을 건강하게 소화하지 못할 때, 다시 말해 인정하고 수용하지 못할 때 마음이 이를 붙잡고 아무것도 하지 못하는 상태에 이르게 된다.

어쩔 수 없음을 인정하고 수용하는 힘에서 비롯되는 마음의 건강

'차이니스 핑거'라는 게임이 있다. 직물을 엮어서 만든 손가락 굵기의 말랑한 관을 준비하고 양쪽 끝에 두 명의 사람이 손가락을 끼우고는 손가락을 먼저 빼내는 사람이 승리하는 놀이다. 그러나 먼저 빼려고 몸부림치면 칠수록 직물 관은 꽉 조여든다. 느슨하고 여유롭게 손을 살살 흔들어야 쉽게 벗어날 수 있다.

마치 잊어버리려고 애쓸수록 또렷하게 생각나는 감정이나 기억과 같다. 자기비난은 마음의 찌꺼기다. 그것은 우리의 마음에서 수용되지 못하고, 건강하게 소화되지 못한 채 남아 감정과 정신건강을 해친다.

여기에 참 좋은 해답이 있다. 호흡으로 온 몸을 평안하게 풀어주는 이완법과 마음챙김명상MBSR, 스트레스 이완에 도움이 되는 현대적 명상법과 같은 것들이다. 그리고 인지적으로 설득하고 훈련되어야 한다. 우리가 받아들이고 싶지 않고 어쩔 수 없는 것을 인정하고 수용하는 힘은 마음의 건강함을 뜻한다.

'나' 라는 사람을 이해하기

우리는 누구도 예상하지 못한 역경(A)을 겪을 수 있다. 그런데 자신도 모르는 사이에 학습되거나 익숙해져 있는 믿음(B)이나 생각의 틀이 불필요한 불안과 갈등의 원인이 되고는 한다. 예를 들어 "현재 진행하는 프로젝트에 실패하면 나는 능력 없는 사람으로 낙인찍힐 것이다", "여기서 포기하면 책임감 없는 사람으로 보이고 나에게 더 이상 기회는 없을 것이다", "남자는 강해야 한다"라는 것들이다.

이런 믿음과 생각들은 상황에 적합하지 않고 합리적이지 못한 경우라도 자신의 행동과 감정이라는 결과(C)를 좌우한다. 자신을 가두고 불필요한 상상으로 불안하게 만들고 갈등하게 하는 것들을 정확히 인식하기 위해 다음의 〈질문〉에 나오는 예시들을 활용해보자.

이러한 활동을 통해 '불필요한 의식적 낭비'를 줄이면 우리는 더욱 자유로워질 수 있다. 자신이 원하는 곳에 더 깊이 몰두할 수 있는 것이다.

〈질문〉

- 부족한 정보로 속단하고 있는 것은 아닌가?

- 한쪽만 바라보고 다른 한쪽은 고려하고 있지 않은가?

- 과장하거나 너무 축소해서 보고 있는 것은 아닌가?

- 자신이 어쩔 수 없는 것까지 자신에게 책임을 묻고 있는 것은 아닌가?

- 원인이나 해결책이 나에게 있는데 외부 환경에 너무 얽매인 것은 아닌가?

- 확인하지 않고 나 혼자 생각에 그렇게 여기는 것은 아닌가?

- 너무 감정적으로 해석하고 있는 것은 아닌가?

075
......
'나'라는 사람을 이해하기

자신의 실시간 믿음(B)을 찾았으면 그 믿음을 점검하거나 반박해보며 자신이 원하는 쪽으로 다시 변경해보는 것도 중요하다. 그 방법은 다음과 같다.

① 자신이 겪고 느끼고 있는 결과를 객관적으로 묘사한다.

② 그 결과와 연결되어 있는 역경을 기록한다.

③ 역경을 어떻게 해석하고 받아들이고 있는지 자신의 믿음과 생각을 정의한다.

④ 실시간 믿음과 생각은 최대한 구분하여 기록한다.

⑤ 각각의 실시간 믿음에 대하여 마치 다른 사람처럼 논

리적으로 반박해본다.

⑥ 반박에 기초하여 실시간 믿음과 생각을 자신이 원하

는 믿음과 생각으로 변경해본다.

Class III

감정이 곧
나는 아니다

나를 사랑하기 위한
'자기감정의 존중'

감정을 제거하면
이성적인
인간이 될 수 있을까

사람에게 감정은 때로 절대적이다. 하지만 우리는 자신의 감정에 미숙하며, 솔직해지기 힘들어한다. 감정을 쉽게 드러내지 않는 것이 성숙함의 척도라고 교육받은 영향도 있겠지만 감정에 대해 이해할 기회가 적었기 때문인지도 모른다. 감정은 이성적 판단보다 빠르게 우리를 현실에 대응하고 필요한 행동을 만들도록 도와준다. 마음을 열고 장애 없이 주변 환경과 소통하도록 한다. 이를 바탕으로 사람은 자신을 확장하고 보다 유리한 결정을 이끌어낸다.

우리는 오랫동안 감정이 이성적 판단을 저해한다고 믿어왔다. 그래서 감정은 이해보다는 통제의 대상으로 여겨졌다.

가정을 해보자. 감정적인 부분을 제거할 수만 있다면 우리는 최대한 합리적이고 이성적인 판단을 내릴 수 있지 않을까? 어느 특별한 연구 덕분에 이것은 잘못된 인식으로 정확히 결론 났다. 뇌에 종양이 생겨 감정을 담당하는 부분을 제거해야 했던 한 환자의 이야기다. 이 환자는 기억, 언어, 연산 등 이성적으로 판단하는 능력은 그대로 가지고 있었지만 감정만은 느낄 수 없었다. 감정을 완벽히 통제하고 이성적으로 완벽한 인간이 된 것이다. 그러나 그의 삶은 순탄하지 못했다. 이혼을 했고, 친구관계도 좋지 못했다. 직장도 그만둘 수밖에 없었다. 합리적인 의사결정을 잘하기는커녕 상식 수준의 판단도 못하더라는 것이다. 이렇게 해서 감정의 도움 없이는 우리의 이성이 의미 없고 무기력하다는 사실이 확증되었다.

인간의 두뇌에서 감정을 주로 담당하는 것은 변연계의 편도체amygdala라는 곳이다. 이성적 판단은 대뇌피질에서 이뤄진다. 그런데 뇌과학자들은 편도체에서 대뇌피질로 정보가 전달되는 신경통로가 대뇌피질에서 편도체로 연결되는 통로보다 세 배 정도 많다는 것을 발견했다. 인간의 두뇌는 감정적 정보를 통합적으로 판단해 이성적이고 합리적인 판단을 내릴 뿐만 아니라 감정이 우리의 사고를 조절할 수 있다는 결론이다.

이런 이유로 사람에게 감정은 아주 강력한 영향을 미친다. 감정적으로 활성화되어 있을 때 우리의 에너지는 상상 이상으로 강해진다. 감정적으로 활성화되어 있다면 평소에는 하지 못하는 일을 단숨에 해결하기도 한다. 이런 강한 감정적 에너지를 조절하지 못하면 반대로 휘둘리기 쉽기 때문에 그동안 감정을 통제의 대상으로 생각했던 것이다.

또 우리의 기억에서 가장 오랜 기억이 정서기억이다. 일상의 기억을 서술기억이라고 하고 자전거 타기 등 습관적인 기억을 비서술기억 또는 절차기억이라고 부른다. 이는 정서기억, 절차기억, 서술기억 순으로 오래 남는다. 정서기억이 가장 강력하고 오래 유지된다. 강한 감정을 통해 저장된 기억은 쉽게 잊히지 않는다.

치열한 경쟁 속에서 사는
현대인일수록
감정을 수용해야 한다

사람은 감정적 존재다. 사람이 사람답게 사는 데 감정은 강력하고 중요한 역할을 한다. 그래서 자신의 감정을 이해하고 감정적으로 열려 있다는 것은 만족스럽고 행복한 삶을 만드는 데 핵심적인 자원이 된다. 행복 그 자체도 결국 감정이라고 주장하는 사람도 있다.

하지만 그동안 감정을 억누르고 통제하려다 보니 실제 자신의 감정을 잘 모르는 경우가 많다. 타인의 감정은 능숙히 읽어도 자신의 감정은 받아들일 줄 모른다. 변화가 빠르고 치열한 경쟁 속에서 감정의 억제를 강요받는 현대인들은 자신의 감정을 가두는 데 뛰어나다. 그러니 자신의 감정을 정확히 몰라 스트레스를 증폭시키게 된다. 더 나아가 증폭된 감정이 자신의 진짜 감정이라고 느낀다.

특히 현대인들은 주변에서 강요받는 요구사항이 많다. 그래서 누군가가 만들어준 감정을 인식하고 만들어진 감정에 따라 대응하는 경우가 많다. 감정적으로 발생한 강력한 에너지들이 마음에 묵혀 있어 무기력에 시달린다. 감정적 욕구가 충족되지 않고 소통하지 못하면 긴장감이 높아진다. 점점 감정을 이해하지 못하고, 그래서 감정적 표현이 불쑥 튀어나오기도 한다. 자기감정을 수용해본 경험이 적을 경우에 극단적인 사고나 행동으로 분출되는 경우가 많아진다.

윤기 있고 촉촉한 삶은 감정적으로 건강한 사람들에게 가능하다. 감정은 사람에게 가장 중요한 자본이다. 자신의 감정을 억누르지 않고 바라봐주고 경청하는 것이 필요하다. 사실 타인의 감정을 제대로 읽을 수 있는 능력은 자신의 감정을 읽을 때 가능하다. 감정을 읽는다는 것은 누구에게나 필요하고 중요해서 존재하는 감정의 태생을 존중하고 이해하는 것이다. 내가 느끼는 감정이 왜 발생했는지 그 이유를 아는 것이다.

어쩌면 그것은 자기용서의 기본이 된다. 자기위로의 토양이 되어 자기가치와 존중감을 키워낸다. 자신을 몰아붙이는 사람은 자신의 감정을 잘 이해하지 못하고 억누르는 경향이 많다. 그래서 큰 업적을 남기고도 쉽게 자신의 가치를 인정하지 못한다. 긍정적인 감정은 인정하면서 부정적인 감정은 제압하고 피하는 것이 아니라 생겨나는 그대로 지켜보고 수용하는 능력이 필요하다. 우리 두뇌의 편도체와 강력하게 연결된 감정을 이해하고 수용해야만 전두엽의 통합하고 조절하는 능력도 생기는 것이다. 내 감정은 누가 뭐래도 존중받아야 할 대상이다. 자주 들여다봐주고 내가 관리해주어야 할 나의 본질이다.

감정 조절에도
이해와 연습이 필요하다

**어린 시절
보호자로부터 배우는
감정조절 능력**

자신의 감정을 인정한다는 것은 생각보다 쉽지가 않아 보인다. 왜냐하면 여러 감정이 실타래처럼 엉켜서 다가오고 실체 없이 모호하기 때문이다. 또는 어느 순간에 밀려와 자동적으로 표현되고 폭발된 다음에서야 느끼게 되는 경우도 있다.

우리가 뭔가를 조절하려고 하면 그것에 대해 잘 알고 있어야 한다. 자신의 감정을 관찰하고 이해할 기회가 없었던 사람은 감정을 조절하는 것이 무척 힘들다. 이해가 수용을 만들고 수용이 개방성을 만들어내듯이 자신의 감정에 대한 이해 없이는 감정을 조절하는 것이 불가능하다. 자신의 감정을 제대로 관찰하고 이해하고 행동에 활용하는 능력을 '감성지능'이라고 한다.

감성지능에서 가장 먼저 필요한 것은 관찰하는 것이다. 내 감정의 관찰을 통해 상황에서 흘러나오는 감정 읽기가 가능해진다. 자신의 감정을 모르면 감정에 압도당하고 타인의 감정을 읽는 것이 불가능해지고 감정을 활용하는 것은 상상할 수 없게 된다. 감정의 조절은 나의 감정을 관찰하고 읽는 것부터 시작되어야 한다. 내 감정을 관찰하고 읽겠다는 의지는 자기존중의 바탕이 되고 자신을 용서하고 위로할 수 있는 힘이 된다. 이런 힘들은 삶의 역경을 딛고 일어서는 회복력의 뿌리가 되는 것이다.

어린 아이들이 엄마와 함께 놀고 있다. 그러다가 엄마가 사라지면 한없이 우는 아이가 있는가 하면 혼자서도 잘 노는 아이가 있다. 우리는 엄마가 있든지 없든지 잘 놀고 있는 아이를 기특하게 생각할 때가 많다. 하지만 이런 아이들은 자신의 감정 표현을 통해 상황을 변화시킬 수 있다는 가능성에 문을 닫아버린 경우일 수 있다.

우리는 자신이 느끼는 감정을 이해하고 자연스럽게 감정

을 표현함으로써 타인이 자신을 위해 행동해주기를 바란다. 하지만 자기감정의 표현을 통해 상대의 행동을 변화시킬 수 있다는 기대가 소용없다는 사실을 알아버린 아이들은 감정 표현에 의미를 두지 않는다. 이렇게 자신의 감정을 읽는 기회가 자연스럽게 줄어든다.

평소 엄마와의 안정적 애착관계가 잘 형성된 아이들은 자신의 감정을 읽고 조절하며 활용할 수 있는 능력이 잘 발달되어 있다. 아이들의 감정조절은 엄마나 보호자의 감정조절 능력을 그대로 학습하는 경향이 많다. 감정적 배려를 받아본 아이들이 자신의 감정을 관찰하고 이해할 가능성과 여유를 가지게 된다. 자연스럽게 타인에 대한 감정적 배려를 학습하게 된다. 이는 물론 아이들에게만 해당되는 내용이 아니다.

결정적 감정이 피어오르는 순간에는 한 발 떨어져 나를 바라보라

언젠가 중학교 학부모 특강에서 감정의 중요성과 조절을 강조한 적이 있다. 그리고 피어오르는 자신의 감정을 살피고 바라보는 기회를 가져보라고 말했다. 특강을 마치고 한 어머님이 강하게 반문했다. 이미 감정은 자신이 인지하기도 전에 올라와 표현되고 있는데 성인군자처럼 어떻게 감정을 살피냐는 것이다. 한마디로 감정은 사람이 어쩔 수 있는 것이 아니지 않느냐는 질문이었다.

어쩌면 당연하고 맞는 말이다. 적어도 자신의 감정을 관찰하고 제대로 이해할 기회를 가져보지 못한 경우에는 그렇다. 많은 사람들에게 자신의 감정을 단어로 표현해보라고 하거나 평소 자신이 활용하는 감정적 단어를 모두 적어보라고 하면 예상보다 잘 해내지 못한다. 우리에게 감정은 좋은 것 나쁜 것, 긍정적인 것과 부정적인 것으로 양분되어 있거나 단지 관습화된 몇 개의 단어로 빈약하게 통용되고 있기 때문이다. 더불어 자신의 감정을 인정받을 기회도 적었다.

감정이 이성적 판단의 부산물이나 걸림돌 정도로 이해되고 특정한 감정적 표현만 강요받았던 환경이 원인일 수도 있다. 대학생들을 모아놓고 자신에게 '의미 있는 타인*significant others*'을 적고 그 이유를 설명하라고 하면 가장 많은 수가 자신의 감정을 솔직하게 표현하고 받아주는 상대를 떠올린다. 그들에게 있어 자신의 감정을 이해하고 표현할 기회를 주는 사람이 행복과 의미를 만들어주는 사람인 것이다.

우리의 일상에서 감정이 주인공이 되는 대화를 많이 나누어야 한다. 그래서 감정의 단어를 늘리고 미세한 차이에 대한 이해가 확장되어야 한다. 어릴 때부터 감정적 배려와 상호 작용이 많지 않았다면 특별한 훈련이 필요할지도 모른다. 평소 내가 어떤 감정을 느꼈는지 상황과 함께 마음을 읽어 감정 단어를 쓰는 훈련이다. 좋아하는 사람들과 영화를 보고 주인 공들의 감정을 표현해보자. "내가 주인공이었다면 그 상황에 서 이런 느낌이었을 것"이라고 대화를 나눠보는 것이다. 작은 메모지를 가지고 다니면서 특정한 순간에 느끼는 자신의 감정에 꼬리표를 달듯이 감정을 기록하는 방법도 있다.

긴장된 상태에서는 엉켜서 떠오르는 감정을 구별해내고 인식하기가 힘들다. 그래서 평상시 깊은 호흡을 통해 이완을 훈련하기도 한다. 이완을 훈련하고 감정을 읽고 쓰기를 연습 하면 더 섬세한 자신의 감정을 관찰할 수 있는 기회가 늘어난 다. 이런 훈련들을 통해 실제 순간적으로 발생하는 감정적 상 황에서도 여유를 가질 수 있는 것이다. 감정은 늘 그 자리에 있지 않다. 길어도 90초면 자연스럽게 사라진다. 그렇지만 현실은 그렇지 않다. 특히 부정적인 감정일 경우 우리의 생각 이 감정을 강화시키고 연장시키기 때문이다.

그래서 격정적 감정이 피어오를 때 감정을 떨어져 바라 보려면 '살짝 피하는' 방법이 있다. 감정이 침투하는 상황에서 주의를 돌리는 것이다. 감정은 우리 두뇌의 변연계 중에서 편도체에서 일어나지만, 이것을 통제하고 조절하는 것은 전두엽에서 맡는다. 감정적 상황에서 어떤 의식적 판단을 내리게 되면 지휘권이 전두엽으로 옮겨 오면서 감정을 조절할 기회가 생기는 것이다. 격정적 감정의 시기에 "잠깐만" 하고 호흡에 의식을 돌리고 숫자를 거꾸로 세거나 무작정 산 이름을 줄줄이 대면서 딴청을 피운다면 어떻게 될까? 우습고 장난스럽기도 하지만 이런 방식들이 반복되면서 감정을 떨어뜨려 바라볼 수 있는 능력을 키우게 된다.

타인의 감정을 읽어내고 인정하는 과정은 자신의 감정을 이해할 기회를 넓힌다. 감정을 표현하는 단어가 늘어나는 것이다. 자신의 감정을 표현해본 사람이 감정에 압도되지 않고 감정을 관찰할 여유를 가진다. 그런 여유가 감정을 읽고 수용할 힘을 키워주는 것이다. 자신의 감정을 인정하고 이해하는 것은 자신을 인정하고 이해하는 방식이다.

"내가 좀 속상한 모양이구나."

"내 모습이 초라해서 질투가 나네."

"더 잘하고 싶은 열망이 강한가 보다."

이렇게 자신을 설명할 기회를 준다는 것은 자신의 존재를 인정하고 사랑하는 아름다운 용기라고 할 수 있다.

감정이 곧 나는 아니다

마음의 평화는
무시할 수 있는 능력에서 온다

집중한다는 것은
나머지를
무시한다는 것

타인과의 갈등 상황 속에서도 마음의 평화를 잘 유지하는 사람들을 유심히 관찰하면 공통점을 찾을 수 있다. 그것은 자신이 원하지 않는 정보를 잘 무시하는 능력을 갖추고 있다는 것이다. 자신의 감정을 뒤흔드는 갈등의 상황에서 적극적인 대응을 피하고 마음의 평화를 선택하는 사람들이다. 누구나 자신을 위협하고 심기를 불편하게 하는 것에 감정이 격해지는 것은 당연한 일이다.

하지만 즉각적으로 항변하고 감정적으로 대응하다가 갈

등은 더욱 복잡해지는 경우가 많다. 결국 해결하려는 의도와는 정반대로 아무 일도 하지 못하고 격한 감정에 손해를 보는 쪽은 자신임을 느낀다.

그리고 더욱 그 일과 감정에 집착하는 악순환을 겪게 된다. 무시할 수 있는 능력이라고 표현했지만 이것은 사실 우리가 주의를 어떻게 활용하는가와 관련이 있다.

인간에게는 이성적 판단과 조절을 담당하는 전두엽이 있고 감정을 담당하는 편도체가 있다. 대립과 갈등의 상황에서 적극적으로 대응하려고 할 때 우리는 무척 감정적이게 된다. 바로 편도체가 강하게 활성화되어 우리의 의식을 이끌고 있는 상태가 되는 것이다. 감정적으로 활성화된 편도체를 전두엽이 조절하며 대응해야 하는데 이런 균형이 깨지면 감정적인 극한 대립을 경험하게 된다.

무시한다는 것은 편도체에 전적으로 빼앗긴 주의를 전두엽으로 가져오는 일을 의미한다. 주의를 조절한다는 것은 우리가 원하는 곳에 집중하는 과정을 뜻한다. 격한 감정이 아니라 감정을 넘어 자신이 원하는 것에 선택적으로 집중하는 것이다.

우리가 원하는 것에 집중한다는 것은 두 가지로 설명할 수 있다. 원하는 목표에 주의를 집중하는 것과 그 집중을 방해

하는 요소들에 주의를 빼앗기지 않는 것이다. 즉, 원하지 않는
데 주의가 분산되지 않도록 잡음을 무시한다는 뜻이다. 이렇
게 우리는 원하는 목표에 주의를 집중하고 그것을 지속시킬
수 있다.

　　타인과 갈등 상황에 처했을 때 상대방이 나의 심기를 불
편하게 하는 것에 주의를 빼앗겨버리면 자신이 진짜 원하는
바를 알 수 없게 된다. 무시할 수 있는 능력이란 자신이 원하
는 것에 집중하면서 원하지 않는 것들을 차단하는 기술이다.
"저 사람이 이렇게 이야기하는 것은 전적으로 자신의 생각일
뿐이야"라든지 "저 사람의 말에 대응하는 것은 내가 원하는 것
을 해칠 수 있으니 오히려 손해야"라는 판단에 주의의 중심을
두게 되면 쉽게 무시할 수 있다. 우리는 넘겨버려야 할 정보에
주의를 빼앗기거나 오히려 집중해버려 원하는 것을 얻지 못
하게 된다. 또 그곳에는 항상 감정이란 것이 존재한다.

　　무시해야 할 정보에 의미를 부여하고 집중하다 보면 진
짜 원하는 것에 집중할 주의는 잃어버리게 된다. 우리가 원하
는 것에 주의가 집중되고 마음의 평화를 유지하기 위해서는
주변의 잡음을 무시하는 능력을 길러야 한다. 우리가 갈등과
대립에서 마음의 평화를 지킬 수 없는 것은 성격이나 인성이
나쁜 것이 아니라 주의를 조절하는 습관이 익숙하지 않기 때

문이다. 한 번, 두 번 원하는 것에 집중하고 잡음을 무시하는 시도를 반복하다 보면 감정조절이라는 것이 가능하다는 것을 알 수 있게 된다. 마치 사용하지 않는 근육을 조금씩 사용하면서 근육이 단련되고 유연해지는 것과 같은 결과를 경험할 수 있다.

잡념에서 벗어나는 가장 효과적인 훈련법은 명상

무시할 수 있는 능력은 사실 자기통제나 의지와도 관련이 깊다. 우리가 체중 감량을 원한다고 할 때, 이를 위한 노력과 더불어 이를 방해하는 치즈 케이크와 아이스크림의 유혹을 무시해야 한다. 그런 무시의 방법에는 무엇이 있을까? 그 순간만큼은 다른 곳으로 주의를 돌리거나 원하는 목표인 다이어트, 뱃살 감소에 집중하는 것이 있다. 하지만 이런 의지적인 주의전환이 쉽지 않아서 우리는 매번 다이어트에 실패한다. 그렇다면 이 방법은 어떨까? 단지 원하지 않는 정보를 무시하는 것이다. 그저 "치즈 케이크와 아이스크림이 있네" 정도로 그 가치를 중립화시키는 것이다.

명상을 하면 이런 주의의 훈련을 반복해서 익숙하도록

만들어준다. 불필요한 생각으로 주의가 분산되면 이를 '잡념'이라고 명명하고 자신이 집중하는 곳으로 주의를 되돌리는 연습을 한다. 그런데 이때 아무런 판단을 하지 말라고 한다. 단지 그것을 '잡념'이라고 인식만 하고 그 잡념에 끌려가지 않고 무시하는 연습이다.

집중 외에 주변의 생각과 몸의 느낌을 느끼는 훈련도 한다. 역시 중요한 것은 아무런 판단 없이 일어나는 생각과 느낌을 관찰하는 것이다. 마치 아무런 관심 없는 사람이 제3자가 멀리서 일어나는 일을 바라보고 있는 것처럼 말이다. 판단 없이 집중하고 관찰하는 주의의 훈련을 통해 불필요한 판단과 자극으로 주의를 빼앗기지 않도록 연습하는 것이다. 이렇게 중립적이라고 할 수 있는 주의의 훈련이 이루어지면 원하는 것에 집중하고 불필요한 것을 무시할 수 있는 능력이 향상된다.

복잡하게 느껴진다면 이렇게 생각해보자. 일상에서 그저 나를 자극할 뿐인 정보들, 내가 원하는 방향이 아닌 정보들은 무시하는 것이 낫다는 사실을 연습하는 것이다. 한동안 "아이고, 의미 없다"라는 대사가 유행했을 때 이것을 따라해보면 왠지 시원하고 편안해지는 느낌을 받는 사람이 많이 있었다. 스크린에서 타잔을 연기한 배우 중 줄타기를 가장 잘 한 배우는 눈앞의 줄을 가장 잘 잡는 배우가 아니라 쥐고 있는 줄을 잘 버린 배우였다고 한다. 원하는 것에 집중한다는 것은 즉 원하지 않는 것을 무시하는 것이 아닐까?

감정이 곧 나는 아니다

공감 속에 숨겨진
나의 회복력

**공감 능력은
뇌의 다양한 기능이
통합될 때 나온다**

사람은 자신의 생각과 감정을 이해받기를 원한다. 서로 다른 입장과 관점을 가졌음에도 뭔가를 함께 느끼고 이해한다는 것은 분명 만족과 행복감을 안겨준다. 알지 못했던 다른 사람의 의중이나 감정적 반응의 의미를 알게 되었을 때도 마찬가지다. 공감할 때 우리의 정서적 반응은 긍정적이다.

공감이 긍정적 정서를 유발한다는 것은 어떤 의미일까? 인간에게 공감은 긴장의 해결과 안도감, 고립의 탈피와 인간으로서의 확장, 안정감이 아닐까? 우리는 자신의 입장을 무너뜨리지 않고 잠시 다른 사람의 입장이 되어 생각하고 느낄 수 있다. 이러한 공감^{empathy}은 인간의 사회성을 높여줄뿐만 아니라 만족과 안정감 등 긍정적이고 행복한 기분을 선사해준다. 공감은 나를 버리고 타인을 위한 것이라 생각할지 모르지만 결국 사회적 삶을 살아가면서 만나는 역경에 대한 회복력이고 자신을 위한 핵심적인 능력이다.

우리에게 '공감 능력'은 서로 다른 입장으로 복잡하게 얽혀 살아가는 사회생활 속에서 타인들과 불필요한 오해와 갈등으로 벌어지는 의식적 낭비를 줄일 수 있도록 한다. 정도의 차이는 있겠지만 공감 능력이 부족한 사람은 필요 이상으로 긴장하고 두려움을 느낄 수밖에 없다. 상대의 생각과 감정을 해석하고 예측하기 힘들기 때문에 부정적인 상상을 강화하기 쉽다.

미숙한 관계에서 우리의 두뇌가 상대적으로 낮은 스트레스임에도 과도하게 예민한 반응을 일으키는 이유가 여기에 있다. 그러니 공감 능력은 우리의 스트레스를 조절하는 능력을 자연스럽게 키워주는 숨겨진 회복력이다.

공감은 태도나 의지의 문제가 아니다. 우리의 뇌가 잘 발달되지 않거나 적절하게 활성화되지 못하면 자신의 입장을

감정이 곧 나는 아니다

인식하면서 타인의 입장이 되어 세상을 바라보는 것은 불가능하게 된다. 뇌의 여러 기능이 통합적으로 잘 연결되어야 원활하게 발휘될 수 있는 능력이 바로 공감이다.

공감을 잘하는 사람이 회복력도 높다

고차원적인 뇌의 발달과 반복된 경험을 통한 활성화가 받쳐주지 않으면 공감은 어려운 일이다. 공감을 위해서는 일단 우리의 주의가 타인의 상황이나 표정, 신체의 움직임, 말에 초점을 맞출 수 있어야 한다. 주의가 자신이 아니라 타인에게 이동한다는 것 자체가 쉽지 않은 사람도 많다. 그리고 이동한 주의는 타인에서 유지되면서 다양한 정보를 인식하게 된다. 주의에 의해 인식된 정보를 바탕으로 대상회cingulate cortex라는 곳에서 인지적 판단을 한다. 상대의 상황을 이해하고 필요한 감정을 느끼기 위해서 감정을 관장하는 편도체를 움직이게 된다. 여기서 정보를 통해 마치 자신이 감정을 느끼듯이 느끼게 되는 것이다.

그리고 인슐라insula, 뇌섬엽라는 곳에서 시뮬레이션을 시작한다. 그런 결과들이 전두엽에서 조율되면서 상황을 이해하고 타인의 입장에서 느낀 점을 마치 자신이 느낀 것처럼 통합한다. 정보나 상황은 타인의 것이지만 이를 느끼고 해석하는 것은 자신의 시스템을 그대로 활용한다. 그래서 공감을 잘하기 위해서는 뇌의 여러 균형이 완성되는 시간이 필요하고 자신을 인식하는 자기인식*self-awareness*능력이 중요해진다. 자신의 생각과 감정을 이해하고 수용하는 능력이 시스템적으로 잘 작동되어야 공감 능력도 원활하게 발휘된다는 의미다.

그리고 다양한 경험이 녹아 있어 해석할 수 있는 바탕이 잘 되어 있어야 공감이 쉬워진다. 그러니 공감 능력도 체육관에서 근육을 단련하듯이 교육되고 훈련되어야 한다. 왜냐하면 사회적 관계로 엮인 삶의 역경을 쉽게 헤쳐 나가고 대립 속에서도 새로운 대안을 만들어내기가 용이하기 때문이다.

공감은 타인을 이해하고 타인을 위한 것만이 아니다. 공감의 출발점이 그렇듯이 그 결과의 혜택도 공감 능력을 발휘하는 자기 자신에게 있다. 공감 능력은 사회생활에서 성과를 높이는 데 유리할 뿐만 아니라 불필요한 갈등을 피하고 스트레스를 줄이며 감정조절능력을 키워준다. 자연스럽게 감정적 혼란보다는 안정적인 삶을 지켜줄 수 있다.

공감은 자신이 받아본 배려나 경험을 바탕으로 이루어지기 때문에 어릴 적 부모의 공감이 무척 중요해진다. 어릴 때

감정이 곧 나는 아니다

부모의 공감은 아이의 미숙한 뇌가 작은 스트레스를 잘 이겨
내도록 도와준다. 그래서 점점 일상생활에서 오는 스트레스
를 견디는 훈련이 부모의 공감을 통해 자연스럽게 일어난다.

그 훈련 속에는 나와 다른 사람의 대립적이고 이해할 수
없는 해석과 대응을 어떻게 할지 충분한 정보를 제공받게 된
다. 아이들이 받은 공감은 따뜻하고 긍정적이며 편안한 감정
을 촉진하는 호르몬을 늘리기도 한다. 결국 공감 능력이 삶의
역경에서 회복력을 강화하는 열쇠라는 측면도 이렇게 설명할
수 있을 것이다.

내가 아닌 '너'의 관점에서 쓰는 오늘의 일기

공감은 기술을 갖추고 있다고
자동적으로 반응하는 것이 절
대 아니다. 주의를 집중하고 심
사숙고하는 균형 감각이 만들어내는 능력들이다. 경쟁이 심
하고 우리의 주의가 산만하게 분산되는 현대 사회에서는 공
감이 쉽지 않은 능력이 될 수밖에 없다. 격렬한 경쟁은 공감을
위축시킬 수 있다. 자원이 귀한 상황에서 이를 둘러싼 경쟁은
공감적 관심을 억압할 수 있기 때문이다.

격한 경쟁에서 때로는 물러서서 바라보는 기회가 더 나은 발전을 만들 수 있는 순간이 된다. 주의가 분산되어 있을 때는 공감력을 발휘하기 힘들다. 우리의 주의는 기본적으로 '나'에서 출발한다. 이런 주의를 당신과 타인에 맞춰서 생각하는 일이다. 산만하고 수동적인 주의력으로 타인을 이해한다는 것은 쉽지 않은 일이다.

공감을 통해 가지는 인간의 회복력은 주의를 타인에게 집중하는 반복된 훈련 속에서 만들어지는 셈이다. 감정적인 교류에 능한 부모가 아이들의 사회성을 길러준다고 한다. 감정적 교류를 통해 아이들의 주의를 자기 자신의 생각과 감정에 집중하도록 한다. 그래서 얻어진 정보들이 자신의 몸과 마음에 어떤 영향을 미치는지 자연스럽게 학습하도록 한다.

오늘부터 나의 주의를 '내'가 아닌 '너'로 바꾸어 생각하고 느끼는 훈련을 일기 쓰듯이 해보는 것 어떨까?

"저 사람은 왜 그렇게 생각할까?"

"내가 상대의 입장이라면 무엇이 가장 문제로 다가올까?"

몸을 앞으로 하고 눈을 마주치고 고개를 끄덕이는 등 경청 실습을 의도적으로 하면 상대의 말을 편견 없이 들을 수 있다고 고백하는 사람이 많다. 상대와 일치되고 동기화된다는 의도와 동작만으로도 우리의 인식과 심리는 바뀐다.

감정이 곧 나는 아니다

성별, 연령, 문화적 배경 등에 상관없이 누구나 사용하기 좋게 설계하는 것을 유니버셜 디자인$^{universal\ design}$이라고 부른다. 왼손잡이나 노인 등 소외될 수 있는 이들 역시 쉽게 만족할 수 있도록 하는 디자인을 탄생시킨 유명 디자이너 패트리샤 무어$^{Patricia\ Moore}$는 노인을 공감하기 위해서 무려 3년 동안이나 노인 분장을 하고 다녔다. 흰머리 가발을 쓰고, 주름을 만들고, 솜으로 귀를 막고, 뿌연 안경을 썼다. 붕대로 근육과 관절을 칭칭 감기까지 하며 노인의 입장을 직접 체험하려고 노력했다. 그 결과 세계적으로 공감하는 디자인이 만들어진 것이다. 공감은 삶과 연결되어 자신의 인생을 변화시킨다.

인간에게 감정이 중요하다는 것은 모두 잘 알고 있다. 감정 때문에 그 모든 일이 벌어지기 때문이다. 우리는 감정에 울고 웃는다. 하지만 우리에게 감정은 마냥 편한 대상이 아니다. 솔직히 자신 없는 경우가 많다. 편견도 많다. 나의 삶에 영향력이 가장 큰 것에 자신감이 없다는 것은 그만큼 내 삶에 대한 자신감도 떨어뜨리기 마련이다. 감정에 대한 가장 큰 편견과 착각은 감정을 곧 나 자신으로 느끼는 것이다.

1. 일단 '감정은 내가 아니다'라는 사실을 받아들이기

경험을 보는 관점을 변화시킬 필요가 있다. 감정은 내가 아니다. 나의 감각과 기억이 만들어내고 자신이 경험하는 것이다. 수많은 경험 중 하나일 뿐이다. 내가 느끼는 감정은 나 자신이 아니다. 감정은 존재적인 것이 아니라 경험의 대상이다. 느끼는 경험일 뿐이지 그것만으로 설명할 수 없는 존재다. 감정도 생리적 현상처럼 우리가 경험해야 하는 것이다.

"내가 느끼는 감정이 곧 내가 아니다."

2. 정서는 인식과 행동을 이끄는 나침반

감정이 반복되면 하나의 정서로 자리한다. 주류의 방향이 생긴다. 그리고 우리의 생각과 행동에 더 큰 영향력을 끼친다. 감정은 원래 에너지가 강하기 때문에 영향력이 상대적으로 크다. 그래서 더 많은 이해가 필요하고 자신이 원하는 것을 달성하기 위해서 감정을 활용해야 한다.

어떤 그림에 어떤 색깔을 사용할지를 아는 것처럼 감정을 활용하기 위해서는 내가 원하는 것을 명확히 해야 한다. 그리고 그 목표에 적합한 감정을 선택할 수 있어야 한다. 물론 불필요한 감정은 선택할 필요도 없고 불필요하게 물들지 않도록 치워놓을 필요도 있다. 일단 감정의 강한 영향력을 받아들여야 한다.

"감정은 나의 인식과 행동의 이끄는 나침반이다."

3. 감정 단어 공부하기

인간은 언어를 통해 생각을 발전시켜 왔다. 인간의 문명은 바로 언어를 통해 상상하던 것을 현재로 만들어온 것이다. 감정은 너무 다양하고 변화의 가능성이 많은 대상이다. 그래서 언어로 표현하는 것도 쉽지 않다. 그런 불편함 때문에 감정을 표현하는 언어는 기피대상이다.

감정을 조절하고 활용하기 위해서는 자신이 경험하는 감정에 대한 언어를 풍부하게 가지고 있어야 한다. 지금 당장 하얀 종이를 펼치고 자신이 아는 긍정적인 감정단어를 적어보라. 생각보다 만만치 않다. 자신이 감정에 피해를 입고 있거나 조절이 힘들거나 불가능하다고 생각되면 매일 감정 단어를 적는 연습을 해보자.

감정 단어가 생각나지 않으면 인터넷에 '감정 단어', '감정 용어'라고 검색해서 기본적이고 구체적인 분류의 감정 단어를 확인할 수 있다. 프린트해서 붙여놓고 기본 감정에서 파생된 감정들을 살펴 볼 수도 있다. 어떤 감정이 들면 그 감정 단어 구성표를 보고 체크해보는 훈련도 도움이 된다.

4. 감정에게 물어보기

감정의 조절과 활용을 위해서는 감정을 정확히 느끼는 것도 중요하지만 그 감정을 해석하는 것도 중요하다. 그래서 어떤 감정이 들면 그 감정을 선입견으로 판단하지 말고 "이 감정은 어떤 의미일까? 무엇을 말하고자 하는 것일까? 어디서 발생한 것일까?" 스스로에게 물어본다.

감정에게 물어보는 행위는 감정을 떨어뜨려보는 효과도

있고 의외로 자신을 더 잘 이해하는 계기도 만들 수 있다. 감정의 단어뿐만 아니라 감정을 풍부하게 이해하는 방법이고 자연스럽게 감정을 조절하는 습관도 만들어진다. 격한 감정이 올라올 때 질문을 던지면 감정을 조절하는 효과도 있다.

Class IV

자신의 한계를 인정할 때
어른이 된다

세상에는 사람의 힘으로
불가능한 일이 있다

내가 할 수 있는 것과
없는 것을 구분해서
수용하는 지혜

"제가 바꿀 수 없는 것을 받아들이는 평화를 주시옵고, 제가 바꿀 수 있는 것을 바꿀 수 있는 용기를 주시옵소서. 그리고 이 둘을 분별할 수 있는 지혜를 주시옵소서."

라인홀드 니버 *Reinhold Niebuhr*의 기도문 중 일부분이다. 이 문구는 수용과 용기 그리고 분별의 지혜를 강조한다. 우리는 이 시에서 말하는 분별의 지혜를 갖지 못해 얼마나 자신을 괴롭혔는지 모른다. 적어도 현재에 자신의 힘만으로는 바꿀 수 없는 일을 받아들이지 못하고 저항하다 얼마나 자신을 책망했는지 모른다.

　개인적으로 이 기도문을 들었을 때 접혔던 호스가 펼쳐지듯이, 스스로의 맹점과 한계를 정확히 발견하는 느낌을 받았다. 나에게 이 기도는 파괴와 위로가 함께 있는 시였다. 지혜는 분별을 뜻하고 그 분별 속에서 수용해야 할 것과 몰입해야 할 용기를 가지게 된다.

　사람들이 바꿀 수 있는 것과 없는 것을 분별하기는 쉽지 않다. 바꿀 수 없음을 수용하고 변화시킬 수 있는 것에 몰입하고 싶지만 그것을 구분하는 것이 애매한 탓에 머뭇거리며 받아들이지 못하고 속을 끓인다. 사람이라면 누구든 자신의 한계를 거론하거나 경험하는 것이 편하지는 않다. 자신에게 일어나는 일을 잘 해결하고 통제하고 있다고 확신할 때 안정감과 만족감을 느끼기 때문이다. 뭔가를 통제하려는 욕구가 수용과 분별을 방해하고 있는 것이다.

　더 심각한 것은 이런 상황이 몰입할 수 있는 기회를 방해하고 빼앗아버린다는 점이다. 억척같이 열심히 했음에도 반복되는 실망스런 결과에 괴로워하는 사람, 돈키호테처럼 불굴의 도전정신으로 일에 매진했으나 마음의 상처가 깊은 사람은 이런 수용과 분별의 지혜가 위로가 되고 답이 될 수도 있다. 자신의 힘으로는 바꿀 수 없는 것에서의 좌절은 변화시킬 수 있는 것조차 시도 못하게 하는 나약함을 만들기도 한다.

자신이 바꿀 수 없음을 시인하는 것은 싫은 일이다. 자신의 존재가 무능하거나 시도하지도 않았을 때 비겁해 보이기 때문이다. 또는 변화시키지 못했을 때 받아들여야 하는 결과를 생각하니 그것도 받아들이기 싫거나 두려운 것이다. 그래서 받아들이지도 못하고 변화시키려는 노력도 못하고 어쩔 수 없이 미루고 있을 때도 많다. 행동하지 못하고 망설이다 긴장만 높아지기도 한다. 그런데 이런 마음속 전쟁은 행동이 아니라 생각 속에서 일어날 뿐이다.

무능력함을 인정하는 순간 자유가 찾아온다

영화 〈매트릭스〉에 나오는 대사처럼 길을 아는 것과 그 길을 걷는 것은 분명히 다르다. 변화시키지 못했을 때 우리가 받아들여야 하는 현실은 우리가 생각하는 것보다 벅차거나 험하지 않을 수 있다. 변화시킬 수 없는 것은 받아들여야 한다. 그리고 변화시킬 수 있는 것에 집중해야 한다.

우리가 변화시킬 수 있는 것과 없는 것을 구별하게 될 때 변화시킬 수 없는 곳에서 불필요한 에너지를 낭비하지 않는다. 오히려 그 에너지를 모아서 스스로 변화시킬 수 있는 것에 자신을 몰입시킬 수 있다. 우리 마음의 평화는 분별에서 오고 받아들이는 수용력으로 키워진다.

예전에 학교에서 함께 일을 하던 사람들이 정부 프로젝트 제안서를 쓸 때가 있었다. 부서장을 중심으로 며칠 밤을 새우다시피 해서 최선을 다한다고 생각했다. 욕심이 많은 만큼 제안서는 시간이 갈수록 그 범위와 깊이를 더해갔다. 하지만 지쳐가던 우리에게 부서장은 "분수껏 하자. 우리 분수에 맞게 딱 이만큼 하자"라고 말했다. 당시는 무척이나 기분 상한다고 생각했지만 '분수를 안다는 것'은 분별할 수 있는 능력이 있음을 의미한다.

전쟁터의 전사와 같이 정말 몰입해서 일을 잘하고 싶다면 이 분별할 수 있는 능력은 필수 자질이 아닐까 생각한다. 자신의 분수를 안다는 것은 인생에서 도전과 대립이 아니라 도전할 것과 포기할 것을 분별하여 우리가 가능한 도전에 전력투구할 수 있도록 해주는 인지능력이다. 우리는 가능한 것에 몰입하며 그 가능성을 넓혀나가는 것이 중요하다. 불가능한 것에 인생의 시간을 낭비하여 얻을 수 있는 것은 없다.

밑지는 것 같지만 이런 분별의 지혜가 우리의 마음과 상황을 보다 자유롭고 분명하게 만들어준다. 내가 바꿀 수 없는 타인이나 환경보다 바꿀 수 있는 나의 믿음을 변경하는 것이 합리적인 일이다.

자신의 한계를 인정할 때 어른이 된다

생각에 매달리는 노예,
생각에서 자유로운 주인

생각을
지배하지 못하면
지배당한다

부정적인 말이나 반응에 직면했을 때, 힘들고 모호한 상황에 직면했을 때 우리의 생각은 자연스럽게 많아지고 복잡해진다. 그때 피어오르는 생각들은 꼬리에 꼬리를 물고 다음 생각을 만들어낸다.

그런 생각은 나름대로 합리적이고 논리적임을 의심할 수 없을 만큼 자연스럽다. 하지만 그때의 생각을 점검해보면 아무리 논리적이고 타당하더라도 결국 '생각'에 불과함을 쉽게 알 수 있다. 현실이 아니라 생각이 만들어낸 가상의 인식일 뿐이다. 하지만 생각의 완벽함 때문에 '생각은 생각일 뿐이다'라는 사실을 받아들이기는 참 힘들다.

생각으로 가득 채워지고 생각만으로 살 때 사람들은 오감으로 들어오는 신선한 정보를 받아들이지 못하고 지워버린다. 그런 탓에 좀 더 냉철하게 현실을 관찰하고 수용하는 힘이 떨어질 수밖에 없다. 사람들은 생존을 위해서 부정적 정보에 더 민감한 부정편향*negativity bias*의 성향을 가지고 있다.

그리고 자신이 확신하는 생각을 증명할 수 있는 정보만 받아들이는 확증편향*confirmation bias*의 성향을 가지게 된다. 그래서 '생각은 생각일 뿐이다'라는 사실을 받아들이지 못하면 상황을 있는 그대로 받아들이지 못하고 보다 유연하게 받아들이지 못한다. 편향된 생각을 만들어 자신을 더욱 힘들게 끌고 가기 쉬워진다.

생각 버리기는 생각을 하지 말라는 것이 아니라 불가능하고 불필요한 생각에서 자유로워지는 법을 익힐 필요가 있다는 의미다. 그렇게 된다면 우리는 좀 더 상황에 자유로워지고 자기 생각의 주인이 될 수 있다. 나에게 드는 생각이 곧 나인 것은 아니다. 나에게 드는 생각은 그저 생각일 뿐이고 그 생각들 중에서 나에게 가장 유리한 생각을 선택한다는 의미다. 이것은 사람에게 좀 더 나은 생각을 선택하고 역경을 뛰어

넘을 수 있는 회복력을 선사할 수 있다.

생각으로 살기 때문에 과거와 미래에 살면서 현재를 살지 못한다. 생각의 속성은 현재가 아니라 주로 과거나 미래로 가 있는 경우가 많다. 그래서 현재를 인식하는 것은 본의 아니게 안개가 많다. 생각이 많아질 때는 현재를 제대로 보지 못하는 경향이 많아진다. 현재의 반응과 상황이 쉽게 과거와 결합하고 미래를 가상적으로 만들어버린다. 과거와 미래를 아주 쉽게 연결하여 명확한 논리를 만들어낸다.

그러나 그것은 하나의 가상적 설정이며 가정일 뿐이다. 연속적으로 가득 채워진 생각은 '생각은 생각일 뿐이다'는 사실을 인식하기 힘들 정도로 빠르게 진행된다. 예전의 기억을 위주로 현재를 해석한 생각이 순식간에 사실이 되어 감정을 흔들고 행동에 영향을 준다. 생각을 버리거나 생각을 그대로 관찰할 수 있다는 것은 멈추어 살피는 것이고 현재를 보고 현재를 사는 힘을 만들어낸다. 생각으로 살기 때문에 과거와 미래에 살면서 현재를 살지 못한다. 수없이 많은 가능성으로 변하고 전개될 수 있는 현재를 생각이 만들어낸 부정적 단일 경로로 낙인찍어버리는 셈이다.

생각만으로 살 때, 생각이 생각을 만들도록 내버려둘 때 우리의 통제력은 힘을 잃거나 사라진다. 우리가 생각을 생각일 뿐이라고 인식하거나 생각을 멈추거나 생각을 그저 바라볼 수 있다는 것은 전두엽의 조절력을 강하게 필요로 한다.

이런 조절력이 약할 때 그저 생각만으로 감정을 완전히 장악해버리는 경우가 발생한다. 우리 뇌에서 감정을 담당하는 편도체는 특이하게 시공을 구분하지 못한다. 편도체에 기억된 강한 자극의 트라우마는 시간과 때를 구분하지 않고 사람들을 괴롭힌다. 기억되어 있는 상황과 시간은 이미 지나고 존재하지 않지만 비슷한 상황에서 과거의 기억이 마치 현재처럼 강렬하게 그대로 재현되기 때문에 트라우마인 것이다.

산발적으로 들려오는 마음속 잡음을 막는 방법

번잡하고 빠르게 피어오르는 생각은 감정을 자극하고 현재를 가려서 우리의 행동을 장악해버린다. 현재를 관찰하고 현재를 살기 위해서 우리는 생각을 버리고 관찰하는 능력을 키워야 한다. 생각은 현실과 다르며 생각은 생각일 뿐임을 선명하게 인식하게 하는 것이다. 심리학에서는 이런 것들을 인지적 탈융합*cognitive defusion*이라고 한다.

생각을 버리지 못하면 스스로 인식하고 결정하는 자기결

정감을 떨어뜨려 무기력함을 강화하는 결과로 이어지기 쉽다. 생각을 버리기는 쉬운 일이 아니다. 사람은 오랫동안 주변의 환경을 제어하고 통제하면서 생존하고 발전해왔다. 그런 까닭에 생각은 자신이 환경을 통제할 수 있는 증명서와 같고, 그 통제권을 놓고 싶지 않은 것이다.

그러한 관성이 생각과 생각의 지나친 허상에도 생각에 끌려가는 자신을 멈추지 못하게 한다. 우울증이나 강박과 같은 피해는 지나친 생각이 완전히 현실처럼 자신을 장악하고 있어 일체의 다른 생각을 막는 경우다. 점검되지 않은 생각이 완벽한 논리와 현실을 만들어 우리 뇌에 진짜 현실처럼 존재하게 된다.

현대인은 서로 더 많이 연결되고 더 많이 경쟁하고 있다. 그래서 생각에 대한 욕구를 너무 강하게 느끼기도 한다. 생각을 버리지 못하면 기억해야 할 것이 많아 오히려 통제력을 잃고 불안해지기 쉽다. 버릴 수 없는 것들이 늘어날수록 현재를 인식하고 자신을 깊이 아는 능력이 떨어진다. 결국 삶을 살아가고 회복력을 발휘하는 데도 부정적 영향을 끼친다.

우리는 뭔가에 집중하게 되면 쾌감이나 만족감, 상쾌함을 느끼게 된다. 집중하고 있을 때 생각은 쉽게 산발적으로 피어오르지 않는다. 우리가 생각을 버리는 방법은 명상에서 흔히 찾아볼 수 있다. 코의 숨결이나 아랫배의 숨결에 의식을 집중시킴으로써 생각의 무작위 발산을 억제하는 것이다. 또는 집중이 아니라 아무런 판단 없이 떠오르는 생각을 제3자처럼 관찰하는 방법이 있다. 자신과 주변의 자극에 의해 피어오르는 생각을 바라보는 것이다. 잠복하는 경찰처럼 아무런 판단 없이 관찰하면 된다. 어쩌면 생각 버리기는 생각을 제대로 하는 것인지 모른다.

잡음의 산발적인 생각을 정제하는 방법은 언어로 정확히 표현하는 것이다. 우리가 언어를 쓸 때는 산발적인 생각과 감정을 잠시 멈추고 통제권을 가져오는 효과가 있다. 생각은 쉽지만 생각을 표현하려고 할 때는 언어를 찾고 조합하면서 불필요한 생각을 통제한 다음 필요한 생각을 잡는 연습이 된다. 그렇게 우리는 의식과 전두엽의 통제권을 늘리며 발전해왔다. 평소에 자신의 생각을 정리하고 글로 쓰는 것은 생각을 정제하고 들여다보는 훈련이 된다. 생각을 버리는 올바른 훈련이 자신을 생각의 주인이 되게 만들어주는 좋은 방법이다.

제3자의 눈으로
나를 바라보면

나와 내 감정의
틈 사이에서
나를 바라보다

우리가 심하게 분노하며 부정
적 감정에 휩싸여 있을 때나 힘
든 역경에 얽매여 있을 때는 여
유나 틈이 없다. 그런 감정과 상황에서 벗어나고 싶지만 다른
사람의 말은 전혀 들리지 않고 더 나은 생각도 떠오르지 않는
다. 심할 때는 감정과 역경의 힘겨움에 빠져 통제력을 완전히
잃어버리기도 한다. 스스로 그 감정에 휩싸여 증폭시켜서 폭
발하거나 좌절하기 쉬운 상태가 되기도 한다.

　명상, 심리치료, 회복력과 긍정행동조직을 연구하다 보

면 뭔가 공통점을 찾을 수 있다. 모두 부정적인 상황에서 어떤 긍정적인 틈을 만드는 것과 자신을 객관화시키는 능력을 중요시한다는 것이다. 자신의 느낌, 생각, 감정, 행동을 자기 자신과 분리시켜 객관적으로 보는 힘을 요구한다. 마치 다른 사람이 자신을 관찰하듯이 자신에게 일어나고 있는 느낌, 생각, 감정, 행동을 살펴본다는 것이다.

이렇게 하면 느낌, 생각, 감정, 행동에 휩쓸리지 않고 일정한 간격을 유지할 수 있기 때문에 스스로 대응하는 틈을 만들 수 있다. 거리두기를 통한 여백 만들기다. 그리고 그 틈을 활용해서 보다 적극적으로 자신의 느낌, 생각, 감정을 선택할 수 있는 자발성을 키우기를 요구한다.

자신에게서 한 발 물러나 관찰자가 되었을 때 우리는 자신과 느낌, 자신과 생각을 분리해낼 수 있다. 나에게 일어나는 감정과 생각이 곧 내가 아니라 나에게 일어나는 한 가지 현상임을 객관적으로 살펴보고 받아들이는 것이다. 이렇게 되면 자신의 의도와 상관없이 나타나는 감정과 생각에 스스로 압도되어버리는 상황에서 자유로울 수 있는 힘이 생기게 된다. 내 속에 정착한 부정적인 습관이나 믿음이 만들어내는 생각과 느낌, 감정을 확인할 수도 있다.

그때부터 나를 지배하던 기존의 습관과 믿음을 바꿔서

자신의 한계를 인정할 때 어른이 된다

다른 선택을 내려본다. 이때부터 내가 느끼는 생각과 감정, 느낌을 변화시킬 수 있다. 나와 나의 생각, 나와 내 느낌, 나와 내 감정의 사이에 틈이 생겨야 상황을 관찰하고 수용하여 변화시킬 수 있는 여지가 생긴다. 이때부터 자신을 객관적으로 보게 되고 보다 적극적으로 자신을 이해하게 된다. 이런 간격에서 만들어지는 넉넉함을 통해 스스로 상황을 변화시킬 방법을 찾고 스스로 선택한 적극적인 행동을 통해 상황을 원하는 쪽으로 변화시키는 시도가 가능해진다.

사원의 기둥이
서로 떨어져 있듯이
함께 있되 거리를 두다

떨어져보는 관찰자적 시각을 통해 우리는 어쩔 수 없는 운명론에서 벗어날 수 있게 된다. 나에게 일어나는 부정적인 생각과 판단, 감정은 그냥 일어나는 것이지 선택한 것이 아니다. 다만 너무도 자연스럽고 당연해서 그 자체가 나라고 막연히 생각하게 된다. 외길의 터널처럼 선택 없이 내 앞에 서 있는 것처럼 받아들인다.

하지만 자신의 생각과 감정을 살펴보는 관찰자가 되면 의심할 수 없이 완벽한 것 같던 부정적 생각도 그저 수많은 생각과 감정 중에서 하나일 뿐임을 알게 된다. 그리고 원하지 않는 생각과 감정이 나 자신이라는 운명론은 사실이 아님을 쉽게 알게 된다.

그저 "내가 두려움을 느끼고 있구나"라고 관찰하게 되면 자연스럽게 "두려움을 느끼게 만드는 것들이 뭐지?", "과연 그것이 두려움을 가질만한가?"라고 질문할 수 있다. "두려움 외에 다른 것을 느낄 수도 있지만 부정적으로 생각하는 경험이 각인되어 두려움이 먼저 나타났구나"라고 말할 수도 있다. 이 정도 이해하게 되면 떠오르는 수많은 생각과 감정을 이해하고 선택할 수 있는 힘이 생긴다.

나에게서 일어나는 생각과 느낌을 관찰해보자. 필요하면 백지를 놓고 천천히 적어도 좋다. 이것만으로도 거리가 생기고 그 틈 사이로 질문이 만들어진다. 나에게 일어나는 생각과 느낌이 분리되면 진짜 무엇인가를 원하는 나를 볼 수 있다. "내가 그런 생각과 감정의 옷을 입었던 것 뿐이구나"라는 생각이 자연스럽게 든다. 레바논의 작가 칼릴 지브란*Kahlil Gibran*의 시처럼 사원의 기둥이 서로 떨어져 있듯 함께 있되 거리를 두고 하늘, 바람이 그 사이를 춤추게 하는 것이다. 그러면 보다 넉넉한 나의 모습을 만나게 된다.

자신의 한계를 이겨웅할 때 어른이 된다

괴로움과 아픔조차
삶의 한 조각이다

문제를 있는 그대로
바라보는 여유는
긍정적 태도에서 나온다

긍정적이고 낙관적인 사람과 부

정적인 사람 중에 누가 위험을

먼저 감지할 수 있을까? 그리고

위험이나 부정적 상황이 지나갔음을 어느 쪽이 먼저 알아차

릴 수 있을까? 이렇게 질문하면 많은 사람들이 부정적인 사람

이라고 대답한다. 하지만 이를 연구한 결과를 보면 긍정적인

사람이 부정적인 상황을 먼저 감지하고 그 종식도 먼저 알아

차린다고 한다.

부정적인 사람은 상황이 종식되었음에도 그 상황에 매

달려 고군분투한다. 그들은 같은 상황이라도 부정적으로 평가하기 때문에 문제라고 인식되는 곳에 긴장하며 집중하므로 강력한 문제해결력을 발휘하기도 한다. 그러나 문제가 복잡하거나 장기적이고 다른 것들과 연결이 많은 유기적인 경우에는 오히려 해결력을 상실하는 경우도 많다.

상황을 긍정적으로 평가하는 사람은 문제를 열린 상태로 바라볼 수 있는 여유를 지닌다. 그래서 그 문제가 어떻게 다가오고 변하는지 그대로 관찰할 수 있고 연결된 것들의 변화도 관찰할 수 있다. 이렇게 뭔가를 그대로 보고 경험한다는 것은 중요하다.

자신의 한계를 인정할 때 어른이 된다

내가 느끼는
불안과 분노를
활력과 희망으로 바꾸기

그런데 그것이 우리의 마음이나 경험과 관련된 것이라면 쉽지 않다. 특히 부정적이거나 경험하기 싫어하는 것이라면 있는 그대로 보고 경험하는 것이 어렵다. 고통을 줄 것이라고 뻔히 예상되는 것은 피하거나 극복할 방법을 찾기 마련인데 이것을 그대로 관찰하고 경험하라니, 힘들기 마련이다.

걱정이나 불안과 관련한 인지치료 중에서 수용전념치료 *ACT, acceptance and commitment therapy*라는 것이 있다. 여기에 불안, 걱정, 분노 등의 부정적 상황을 극복하는 방법이 나오는데 그 과정 중 하나가 '생각과 감정 받아들이기'다. 기꺼이 받아들인다는 개념이다. 어찌 보면 자신이 매달려 있는 부정적인 장면을 그대로 경험하고 받아들인다는 것이 모순되고 자신의 상황을 이해 못하는 편견 같아 기분이 상할 수도 있다.

하지만 자신이 느끼는 불안과 걱정 그리고 분노를 내가 주인이 되어 조절하고 처방할 수 있다는 가능성을 알게 되면 생각하지 못한 활력과 희망을 경험할 수 있다. '기꺼이 경험하기'가 되면 '내적인 자발성'이 향상되어 내가 주인으로 키를 잡게 된다.

그런 자발성에서 놓고 보면 생각보다 그런 부정적인 경험들이 객관적으로 보이고 작아 보인다. 그저 일상의 어느 단계, 인생의 한 고비로 보인다. 지속적이고 장기적일 것 같은 것들의 생명도 한정적으로 보이고 그 외에 긍정적인 측면도 볼 수 있어 의식적 빈곤에서 질서를 잡기가 수월해진다.

기꺼이 경험한다는 것은 자신의 생각과 감정을 수용한다는 것이다. 자신에게 일어나는 생각과 감정을 그대로 인식한다는 것이고 열린 자세로 경험을 관찰한다는 의미다. 매우 중요한 물건을 잃어버리고 당황했던 적이 있다. 예상되는 곳을 미친 듯이 찾았지만 없었다. 그런데 포기하고 나서야 바로 그 옆에 잃어버렸던 물건이 있었음을 알아차렸다. 누구나 이런 경험이 한 번은 있을 것이다. 상황을 관망하고 전체적으로 폭넓게 볼 수 있었다면 쉽게 찾을 기회를 문제에 함몰되어 허우적거린 일 말이다.

행복한 순간뿐만 아니라 괴로운 순간까지 모두가 삶의 조각이다

우리는 부정적 상황과 경험을 피하려는 표면적 욕구 때문에 에너지를 낭비하고 더 나은 방법의 기회를 잃어버린다. 또한 그런 부정적인 경험이 자신에게 주는 의미를 알아차리지 못해서 그 다음에 대한 대비도 못하거나 소홀하게 된다. 자신이 어떻게 할 수 있다는 의지를 잃고 부정적인 상황에 매몰되어버리는 경우도 있다.

기꺼이 경험한다는 것은 아프지만 그것을 객관적으로 과장하지 않고 볼 수 있는 자발성을 높인다. 부정적인 것에 매달릴 때는 이를 극복하기보다 회피하려는 마음이 우선할 경우가 많다. 그래서 자신은 당하는 사람, 피동적 대상이 된다. 기꺼이 경험하고 관찰하는 것은 자신을 능동적이고 자발적으로 만든다. 그래서 걱정, 불안, 분노 등을 느끼면서도 조금 더 평화로울 수 있다.

괴로움은 피하거나 무작정 해결하려고 매달릴 때 발생하고 강해진다. 객관적으로 보지 못하고 무작정 해결하려는 것도 결국에는 피하는 것과 마찬가지일 수 있다. 대응하는 방법도 다양하겠지만 우리가 그동안 사용해보지 않았던 '기꺼이 경험하기'가 부정적 상황의 해결책이 될 수 있다.

자신의 자발성이 커지고 객관적으로 떨어뜨려 보게 될수록 부정적 상황의 힘은 떨어진다. 무엇보다 부정적 상황과 경험 다음에 대응할 대책이나 실제 전념해야 할 것이 명확해지고 전념하기 쉬워진다. 기꺼이 받아들이면 전념하게 된다.

기꺼이 경험한다는 것은 기뻐하고 아파하지 말라는 것이 아니다. 우리 자신은 감각과 감정 등의 경험 위에 존재한다. 개인적으로 존경하는 사회심리학자가 있다. 자기결정성 이론으로 유명한 에드워드 데시^{Edward Deci}다. 그는 《마음의 작동법 *Why We Do What We Do*》이란 책에서 "삶의 목표는 행복이 아니다"라고 주장하면서 인간의 자유로운 자기결정감을 강조했다. 그렇다면 무엇이 우리의 목표일까? 그는 다음과 같이 설명한다.

"행복만을 바라게 되면 오히려 인간 발달이 저해된다. 행복을 추구하는 과정에서 다른 경험이 억압되기 때문이다. 행복해지고 싶은 사람은 사랑하는 이가 죽을 때 슬픔을 억누르고 위험과 맞닥뜨렸을 때 두려움을 부정한다. 살아 있음의 진정한 의미는 행복해지는 것이 아니다. 인간의 감정을 온전히 폭넓게 경험하는 것이다. 행복만을 추구하다 보면, 다른 감정의 경험을 가로막고 결국 부정적인 결과가 나타나기 쉽다."

자신의 한계를 인정할 때 어른이 된다

생각 하나로 전혀 다른 세상을 직면하는 존재가 우리다. "상대
가 나를 비난하고 있을 것이다"라는 생각과 "상대는 나에 대해
신경도 쓰지 않을 것이다"라는 생각에 따라 감정과 생각이 소
용돌이친다. 그리고 행동도 달라진다.

　　하지만 생각은 생각일 뿐이다. 생각은 현실과 다르다. 생
각은 우리의 의도와 상관없이 피어오르고 사라지기도 한다.
나의 생각을 보는 습관이 필요한데 정작 배운 적은 없다. 생각
을 살피는 지구력도 모자란다고 느낄 때가 많다.

　　그래서 생각을 키우는 것도 중요하지만 생각을 관찰하는
연습부터 시작해야 한다. 그리고 내가 어찌할 수 있는 것에 대
한 생각인지, 아니면 어찌할 수 없는 것에 대한 생각인지 판단
해야 한다. 그런데 나의 생각을 모를 때가 더 많다. 그냥 감정
처럼 떠오르는 생각이나 익숙한 논리를 따라 나열되는 생각
으로 결론을 내기 쉽다. 그래서 의식의 흐름을 따라가는 연습
이 도움된다.

1. 의식의 흐름 따라가기

의식의 흐름은 공식적으로 정해진 것은 없지만 쉬지 않고 자신의 의식을 글로 표현하는 방법이다. 5분 정도 시간을 정해서 자신의 생각을 복사하듯이 빠르게 글로 적는 것이다. 쉬면 안 된다. 문법이나 오타에 신경 쓸 필요도 없다. 알람이 울리기 전까지는 날아가는 필체일지라도 단어와 문장을 오가며 적는다.

모두 적고 난 다음 10분 이상의 휴식을 취하고 천천히 읽어보고 중요한 단어에 밑줄을 긋는다. 그리고 그 생각이 필요한 것인지 그저 떠올랐다 사라지는 것인지 판단해본다. 이것만으로도 생각에 대한 속성과 내가 무슨 생각과 판단을 하는지를 아는 메타인지 능력을 향상시킬 수 있다. 메타인지 능력이란 자신이 무엇을 알고 모르는지를 아는 상위의 인지능력이다.

2. 생각의 주인되기

마음챙김명상에서 자신의 생각을 판단 없이 관찰하는 경우가 있다. 힘을 빼고 편안히 숨을 쉬면서 내 의도와는 상관없이 피어오르는 생각을 지켜볼 수 있다는 점이 재미있다. 가만히 있다가 보면 생각이나 주변의 자극을 통해 끊임없이 생각이 꼬리를 물고 일어났다가 사라지는 모습을 볼 수도 있다. 중요한 아이디어가 되는 생각도 볼 수 있지만 많은 생각들이 생리적 현상처럼 올라오는 것도 확인하게 된다.

그러면 어떤 생각이 불필요한 것인지, 선입견인지, 최근의 경험 때문에 발생한 것인지 알 수 있다. 그래서 중요해지는 것은 생각이 아니라 나의 선택이 중요하다는 것도 알 수 있다. 명상을 통해 피어오르는 생각을 판단 없이 지켜보는 것이다.

부정적 감정을 넘어
배우는 삶의 태도

두려움과 걱정의
실체를 확인하라

내가 만든 공포에
사로잡혀서 아무것도
하지 못할 때

"자기에게 약한 자 앞에서는 가장 강하고, 약한 자를 독식하는 강력한 것. 그러나 자기에게 강한 자를 가장 무서워하는 것."

이것은 무엇일까? 바로 두려움이다. 두려움 때문에 아무것도 하지 못할 때가 있었다. 어떤 터널에 빠져 두려움의 대상 외에는 아무것도 보이지 않았다. 나의 존재는 무기력하고 세상은 참으로 힘겨운 존재였다. 두려움과 씨름하다 뭔가 느껴지는 것이 있었다. 나를 두렵게 했던 대상은 모두 생각으로 만들어진 미래 시점의 가정들이었다.

물론 현재의 근심과 걱정거리에서 파생된 정당한 것이
기는 했지만 아직 일어나지 않았고 일어나지 않기를 바라는
것들이다. 하지만 결코 무시할 수 없는 것이었다. 이때 큰 위
안을 준 글이 있었다. 정신과 의사 조지 윌튼$^{George\,Walton}$의 저서
《Why Worry?》에 나오는 다음의 내용이었다.

- 걱정의 40퍼센트는 절대 일어나지 않는다.
- 걱정의 30퍼센트는 이미 일어났던 일이 또 일어날까 미
  리 걱정하는 것이다.
- 걱정의 22퍼센트는 너무 사소해서 무시해도 좋은 일이다.
- 걱정의 4퍼센트는 바꿀 수 없는 일이거나 어쩔 수 없는
  일이다.
- 걱정의 4퍼센트는 우리가 바꿀 수 있는 일이다.

그러고 보니 진짜 걱정의 대상은 4퍼센트 밖에 없고 그것
도 적극적으로 대응하면 바꿀 수 있는 일이 된다. 40퍼센트는
절대 일어나지 않기 때문에 걱정할 필요가 없는데 미리 겁먹
고 불안해하는 것이며, 30퍼센트는 이미 일어났던 경험 때문
에 관련 없는 일을 미리 걱정하는 것에 불과하다. 22퍼센트는

너무 사소해서 무시해도 좋은데 두려운 마음에 나도 모르게 증폭시킨 것에 불과하고, 4퍼센트는 자신이 어쩔 수 없는 일이라 걱정해도 소용없어 받아들여야 하는 것이다. 나를 꼼짝 못하게 하는 두려움은 나의 생각이 만든 것에 불과하다는 것을 느낄 때 베일이 벗겨지고 용기가 솟아나는 것을 깨달을 수 있었다.

직면하는 것만으로도 두려움은 지극히 작아진다

두려움으로 아무것도 하지 못하고 있을 때, 자고 일어나면 그 두려운 생각이 영원할 것 같이 가위눌림 하고 있을 때, 오기로 실험한 것이 있었다. 진짜 분명히 일어날 것만 같았던 두려움의 실체가 무엇인지 구체적으로 목록을 만들어보았다.

이 목록을 만들면서 두려움은 그 긴급하고 강력한 감정 때문에 과장되고 실체가 모호하다는 사실을 확실히 느낄 수 있었다. 그리고 3년을 두고 지켜봤다. 하지만 두려움을 야기했던 일은 절대 일어나지 않았다. 6년이 지난 시점에도 일어나지 않았다. 지금은 그런 감정을 밀어놓고 관찰하는 단계가 되었지만 그때는 정말 두려움의 명분이 분명했고 압도적이었다.

사람은 부정적 정보를 더 중요하게 생각하는 편향 탓에 두려움을 증폭하고 확대재생산하기 쉽다. 사람은 부정편향의 속성을 가지고 있다. 원시시대부터 인간은 부정적인 정보에 더 민감하게 대응해왔다. 어떤 사안을 부정적으로 해석할 때 생존의 확률이 더 높았기 때문이다. 원시시대 맹수의 위협이 항상 도사리고 있던 시절을 생각해보라. 정체를 알지 못하는 주변의 신호를 감지했을 때 이를 부정적으로 해석하고 대처할 때 생존의 확률이 더 높았던 것이다.

그래서 우리는 두려워하고 걱정하면서 더 나은 생존을 대비한다고 생각한다. 머릿속으로 예측하고 추측하면서 이런 부정편향의 시나리오는 증폭되고 확대재생산되기 쉽다. 우리의 몸은 그 시나리오에 맞춰 대비하면서 더 긴장하기 마련이다. 이런 과정을 통해 상상으로 만든 시나리오가 완벽한 현실로 느껴지는 것이다.

우리의 뇌는 상상과 현실을 구분하지 못한다. 두려움이 만든 상상이 현실에 목격하는 것과 똑같이 인식되는 것이다. 이런 상황에서 두려움과 그 두려움을 야기하는 사실을 떨어뜨려 현실인지 상상인지, 현재인지 미래인지, 내가 어쩔 수 있는지 없는지를 판단하는 것은 무척 힘들어지게 된다.

하지만 분명한 것은 두려움의 대부분은 미래의 것을 대비하면서 내 생각이 만들어낸 것이고 실제 현실과는 다르다는 점이다. 두려움의 실체는 '직면'하려는 용기 속에서 지극히 작아지고 힘을 잃어버리게 된다. 어느 격언이 떠오른다.

"두려움은 존재하지 않는 어두운 방에서 검은 고양이를 찾고 있는 눈먼 사람과 같다."

우리는 현실에서 쏟아지는 정보를 통해 생각하고 상상한다. 그렇게 상상이 그려놓은 상황이 감당하기 힘들다고 판단할 때 두려움이란 감정은 자연스럽게 일어난다. 생각이 현실도 아니고 일어나는 감정 자체가 나의 모든 것은 아니다. 두려움에 얽혀 열심히 싸우고 있는 자신을 보며 현실을 대비하고 통제하고 있다는 느낌은 그저 착각일 뿐이다. 두려움의 실체는 직면하려는 용기 속에서 지극히 작아지고 힘을 잃어버리게 된다. 모호하게 과장된 두려움에서 잡음을 제거하고 현재 내가 할 수 있는 일을 선택하여 진행할 때 직면하려는 용기도 커지게 마련이다.

생존을 위해 발달한 본능,
두려움

부정적인 감정과
두려움이 우리를
강력하게 장악하는 이유

두려움은 인간의 생존과 발전을 위해서 가장 기본적이고 우선순위가 높은 감정이다. 위험을 감지하여 신체 반응을 불러일으키고 준비 태세에 돌입하거나 대응하도록 도와주기 때문이다. 원시시대부터 두려움에 민감한 개체는 생존 확률이 높았기 때문에 가장 강력한 정서로 발달한 것이다. 이성적 판단을 앞질러 감각적으로 느끼고 무의식적으로 반응하는 것이 두려움이란 정서다.

그래서 쉽게 인식하지 못하는 경우가 생긴다. 이런 탓에 생각을 하는 인간은 두려움이 무엇인지 판단하지 못한 채 또는 눈앞에 두려움의 대상이 사라졌음에도 생각 속에서 두려움을 확대하고 증폭시키기도 한다. 두려움이 생존을 위해서 중요한 역할을 한다고 해도 인간의 평안과 웰빙을 방해하는 것은 사실이다. 그래서 우리는 두려움의 실체에 대해 좀 더 잘 알 필요가 있다.

두려움은 이성적 판단을 거치지 않고 곧바로 편도체에 기억되고 반응될 수 있다. 의식적 인식 이전에 무의식적으로 기억되고 반응된다. 정서를 담당하는 편도체는 이성적 활동을 하는 뇌의 부분보다 훨씬 많은 네트워크를 가지고 있기 때문에 인간에게 막대한 영향을 미친다.

그중에서도 생존과 관련된 부정적 감정은 우선순위가 더 높을 수밖에 없다. 두려움이 우리를 강력하게 장악하는 이유는 그 실체를 잘 인식하지 못하는 경우가 많다는 것이다. 두려움은 이성적 판단을 거치지 않고 곧바로 편도체에 기억되고 반응될 수 있다. 의식적 인식 이전에 무의식적으로 기억되고 반응하는 것이기에 우리를 더욱 당황하게 한다.

연구결과에 의하면 0.03초 이내에 처리되는 정보는 사람이 보아도 의식으로 인식하지 못한다고 한다. 하지만 편도체는 그 순간에도 인식하고 몸으로 반응할 수 있다. 무의식적인

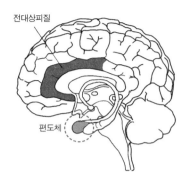

전대상피질

편도체

전대상피질과 편도체의 위치

영역이기 때문에 그 실체를 쉽게 파악하지 못해 의식이 과대
포장하고 증폭시킬 수 있음을 알아야 한다.

두려움이 우리에게 강력히 작용하는 이유가 한 가지 더
있다. 일반적으로 장기기억은 해마라는 곳에서 담당하는데
두려움에 반응하는 편도체의 기억이 해마와 다른 점이 있다.
바로 편도체는 시간과 공간을 구분하지 못한다는 것이다. 두
려움이 비슷한 상황에서 손쉽게 재현되고 재생되기 쉬운 이
유가 여기에 있다. 이전의 기억과 전혀 다른 대상, 상황, 시
간, 장소라고 하더라도 우리의 의식으로 불쑥불쑥 올라와 괴
롭히기도 한다. 심지어 강력한 두려움은 우리의 판단을 통해
두려움을 합리화시키기도 한다. 그러니 두려움은 더욱 증폭
되고 강력해진다.

희망은
두려움과 같은 곳에
존재한다

쥐나 토끼 같은 동물의 편도체를 제거해버리면 뱀과 키스할 정도로 공포를 전혀 느끼지 못하게 된다. 우리의 주의가 편도체에 집중되면 엄청난 위력을 발휘하지만 편도체에서 주의를 돌릴 수 있다면 두려움은 그저 판단과 행동을 위한 참고용이 될 것이다. 편도체에 집중되어 있는 주의를 가져가 적절하게 판단하고 행동을 감독하는 것이 전두엽이다.

특히 전대상피질이란 곳은 편도체와 가까이 있으면서 주의조절과 오류와 갈등을 조절하고 판단하는 역할을 한다. 과도하게 활성화된 편도체는 이런 전대상피질의 작동을 방해한다. 그래서 두려움이란 정서는 통제가 불가능한 감정적 파도처럼 우리를 끌고 가버리는 것이다. 두려움을 강화할수록 편도체의 힘을 더 강화시키는 셈이다. 두려움이 더 큰 두려움을 낳는 이유다.

두려움은 우리의 뇌와 신체를 방전시킨다. 두려움에 대해 한 번은 깊이 생각해봐야 하는 이유가 여기에 있다. 의식적으로 피곤할 이유가 없다고 하더라도 피곤하고 의욕이 없고 삶이 힘겨운 이유는 과도한 걱정, 근심과의 싸움 때문일 수 있다. 우리는 생각하지 않고 쉰다고 하지만 라이터를 켜둔 자동차의 배터리가 방전되듯이 피곤하고 의욕 상실이 지속되는 이유이기도 하다. 그러니 두려움의 주의를 조절하거나 주의를 돌려 제대로 쉬는 것이 얼마나 중요한 것인지 다시 생각하게 한다.

두려움에 주의를 두고 있을 때 우리의 몸과 마음은 자유롭지 못하다. 교감신경 위주로 긴장이 지속되면 우리의 몸과 마음은 닫힌 시스템으로 변한다. 호흡은 짧게 빨라지며, 심장은 빨리 뛰고 신경과 근육은 예민해진다. 당연히 이성적으로 판단하고 상상력을 발휘하는 것은 힘들다. 그래서 두려움에 맞서는 방법은 자신의 주의를 조절하는 것이다.

두려움을 관장하는 편도체에서 주의를 전두엽으로 전환시키거나 주의를 다른 곳으로 전환하여 긴장을 풀고 유연성을 길러주어야 한다. 두려움을 생각하는 만큼 주의는 두려움에 집착하고 그 힘을 팽창시키는 결과를 낳기 쉽다. 조절하고 관리하는 전두엽의 작동을 방해하는 것이다.

주의는 항상 먹이를 많이 먹는 쪽이 이긴다. 두려움에 끊임없이 주의를 두는 것은 의식과 무의식에 두려움을 키우는 역할을 한다. 항상 불안과 두려움에 휩싸여 있던 사람은 두려움이란 감정을 느끼지 못하게 되는 순간 오히려 더 큰 두려움을 느끼기도 한다. 두려움을 피하고 싶은 사람이 두려움을 기대하고 그 두려움에 기대는 경우가 발생한다니, 얼마나 역설적인가.

사실 희망도 두려움과 같이 편도체의 영역이다. 의식적 영역을 뛰어넘어 인간에게 영향을 줄 수 있다는 점에서 우리는 어디에 더 많은 주의를 줄 것인가 판단해야 한다. 그러려면 이를 판단하고 감독하는 전두엽이 잘 활성화되어 있어야 한다.

두려워하면 할수록 두려움은 몸집을 불려 우리를 삼켜버린다

두려움에 맞서는 방법은 두려움에 에너지를 공급하지 않는 것이다. 우리의 상상력을 통해 두려움을 키우지 않는 것이 중요하다. 두려운 상황이 있을 때 그 상황에 집착하지 않고 극복한 결과에 초점을 맞춰서 주의를 희망 쪽으로 이동시키는 용기가 필요하다. 희망이나 용기가 불가능하더라도 두려움에 치우친 주의를 차단하는 것이 중요하다.

두려움에 의미를 부여하기 보다는 "그저 그런 느낌과 생

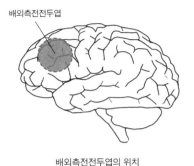

배외측전전두엽

배외측전전두엽의 위치

각이 드네" 정도로 바라보는 연습이 필요하다. 두려움으로 흐르는 주의를 멈추고 그 주의를 다른 곳으로 돌려 편도체의 과도한 활성화를 막는 것이다. 어느 정도 틈이 생겼을 때 긍정적이고 희망적인 가능성을 찾아보는 것이다. 그 희망이 중요하다고 생각할수록 두려움의 가능성과 비현실성을 가려내기도 쉬워지고 또렷이 보인다. 우리의 뇌는 관심 없는 것은 가려내고 덜 중요한 것은 지워버리는 전략을 쓰고 있다. 과도하게 활성화된 두려움을 중요하게 반응하도록 할 이유는 없다.

두려움에 대한 부정적 회상을 막고 주의를 조절하는 데 명상이 효과적이다. 우리의 주의를 아무런 판단 없이 중립적인 호흡이나 신체의 일부에 집중하여 고요하고 평온함을 유지하는 훈련은 주의의 주인이 바로 자신이 되도록 해주기 때문이다. 부정적 회상에 주의를 잠시 멈추는 것이 가능해지면 두려움을 정면에서 직시해서 그 실체를 파악하고 점검하는 일이 가능해진다.

그러면 두려움은 많은 경우 그 실체의 모호함과 중요성 때문에 과장되어 있음을 알 수 있다. 명상을 하면 발달하는 뇌 부위가 있다. 배외측전전두엽이라는 곳이다. 이곳이 발달한 사람은 부정적 회상을 하더라도 우울증에 잘 걸리지 않는다고 한다. 전두엽이 잘 발달되어 두려움을 비롯한 부정적 회상을 직시하고 판단하고 있다는 증거다. 두려움에 내 인생을 낭비할 수는 없다.

불안과 우울의 너머에
서기

두려움과 달리 불안은
불분명한 대상에서
발생하기도 한다

현대인들에게 일상적으로 존재
하는 우울과 불안을 들여다보면
공통점들이 참 많다. 우울과 불
안은 각각 슬픔과 두려움이란 감정에 연관되어 있다. 하지만
슬픔과 두려움은 모든 사람에게 공통적으로 적용되는 감정의
기본 구성요소지만 우울과 불안은 주로 찾아오는 사람들에게
자주 온다. 우울과 불안은 슬픔과 두려움에 비해 장기적이고
지속적이다. 그리고 눈앞에 닥친 상황이 아니라 그 상황을 바
라보는 시각이나 상상에 의해서 더욱 증폭되고 강해지는 경

우가 많다.

두려움을 불안과 구분하여 생각해보자. 두려움은 실제 위험이 내 눈 앞에 존재할 때 느끼는 것이다. 신체적인 반응으로 즉각 나타나고 그 두려움의 존재가 사라지면 금방 사라진다. 하지만 불안은 언제 닥칠지 모르는 위험을 예상할 때 발생하는데, 때로는 대상이 불분명할 때도 있다. 불안은 신체적 반응보다는 걱정이나 근심과 같은 심리적 반응이고 만성화되어 지속적으로 존재하기 쉽다. 슬픔은 정상적인 사람들이라면 누구나 겪는 감정이지만 우울은 일종의 질병에 가깝다.

이유야 여러 가지지만 우울은 지속적으로 존재하고 좋은 일이 생겨도 그 좋은 일을 자각하지 못하게 하기도 한다. 우울이 위험한 것은 자기에 대한 부정적 시각, 미래에 대한 부정적 시각, 세상에 대한 부정적 시각과 연계되기 쉽다는 것이다.

긍정을 연구하는 사람들은 긍정적인 사람이 부정적인 정보를 더 빨리 인식하고 부정적인 상황의 종료도 더 빨리 인식하기 때문에 회복력이 높다는 것을 실험을 통해 설명하고 주장한다. 우울과 불안도 실제 현실보다는 부정적 상황을 상상 속에서 장기적으로 끌고 가거나 강화한다는 것이 문제가 된다. 그리고 그것은 분명히 현실과 차이가 있거나 과장된 경우가 많다는 것이다.

우리의 인식과 생각 속에서 이루어지기 때문에 현실과 다르거나 현실이 과장되어 있다는 사실을 스스로 인식하기 어렵다. 우울과 불안 속에서 고생하고 있는 사람에게 "당신이 생각하는 것만큼 세상은 우울하고 불안하지 않다"고 강조해도 인정하기 힘들다. 이들은 자신들의 마음과 생각 속에 묶여 있기 때문이다. 자신의 우울과 불안에서 조금 떨어져 나와 현실을 객관적으로 담담하게 바라보는 것만으로도 삶은 훨씬 가볍고 자유로워질 수 있다.

우울이나 불안은 우리의 주의가 어딘가에 집중되어 있을 때는 쉽게 발생하기 힘들다. 뭔가를 판단하고 평가하는 기준이 외부에 있을 때 우울과 불안은 쉽게 발생하고 더 장기적이게 된다. 기준이 외부에 있을 때 외부의 변화에 따라 지속적으로 주의가 흔들려야 하기 때문에 집중하기도 힘들다. 주의가 집중되지 못할 때는 반응적으로 부정적 정보를 선택하기 쉬워진다.

판단의 기준이 외부에 있고 외부의 변화에 따라 주의가 흔들리다가 많은 정보들 중에서 강한 부정적 정보에 집중하려고 하니 자연스럽게 우울과 불안의 가능성은 커지게 마련이다. 그리고 우울과 불안의 논리는 막연한 것이지만 마음속에 아주 분명하고 선명하게 자리 잡는다. 감정이 함께 기억되고 머릿속에서 반복시키기 때문에 마음속에 주류로 자리할 수밖에 없다. 하지만 그 논리는 이해를 할 수 있다고 해도 현실과 다른 경우가 많다.

어찌할 수 없는 상황에서는 통제의 끈을 과감히 놓아버리기

분명히 일어날 것 같은 걱정에 대비하기 위해 불안이라는 것이 자리하지만, 이는 결국 걱정으로 끝날 경우가 많다. 심리학자 줄리안 로터*Julian Rotter*는 통제위치*Locus of control*에 따라 사람의 감정이 조절된다고 했다. 자신에게 직면한 사건과 행동의 결과가 내·외부 어디에 의해 통제되느냐에 따라 감정이 조절된다는 것이다. 통제의 위치가 외부에 있는 사람일수록 우울과 불안 등 부정적인 감정에 민감할 수밖에 없다.

일어나는 사건이나 결론에 대한 통제권이 외부에 있다고 믿는 사람들은 자연스럽게 외부의 부정적인 정보에 민감할 수밖에 없다. 주의가 외부에 집중될 수밖에 없다. 사람이라면 당연하지만, 자신의 주의를 어디에 집중시킬 것인가에 대한 변화는 우리에게 선택권이 있다.

부정적 감정을 넘어 배우는 삶의 태도

눈앞에 있는 하나의 마시멜로를 먹지 않고 기다리면 두 개의 마시멜로를 준다고 했던 실험을 살펴보자. 당장 마시멜로를 먹지 않고 꾹 참는 것은 어린 아이들에게 쉽지 않은 과제다. 하지만 그 어린 아이들도 이를 극복하기 위해서 자신의 주의를 마시멜로와 격리시키는 방법을 활용하고 있었다. 적어도 자신의 주의를 조절하고 통제하는 것은 연습과 훈련에 의해서 스스로 할 수 있기 때문이다.

자신이 원하지 않는 것에서 고의적으로 주의를 분리·분산시킨다는 것이다. 의도적으로 자신이 무엇을 인식할 것인지 선택한다. 이런 과정이 반복적으로 일어나면 자연스럽게 주의를 조절하고 판단하는 전두엽의 역할이 강화된다. 그래서 전두엽이 잘 활성화되는 사람들은 불안이나 우울에 대한 저항력이 크고 잘 빠져 들지 않는다고 한다. 자신이 원하지 않는 부정적인 것에서 주의를 돌려 자신이 원하는 곳으로 주의를 집중하려면 분명한 자신의 가치관이 필요하다.

적어도 원하는 것과 원하지 않는 것이 분명해야 한다. 불안과 우울을 넘는 방법은 이런 기준에 대한 집중력을 가지는 것이다. 불안과 우울이 결코 우리가 원하는 것이 아님에도 불구하고 어쩔 수 없이 느껴지는 것은 자신이 원하는 것과 가치의 기준이 명확하지 않을 때에 일어난다. 가치를 평가하는 기준이 명확하지 않기 때문에 일어나는 혼란이다.

우울함은 강한 스트레스를 만들어낸다. 내가 어쩔 수 없다고 생각할 때 우울과 스트레스는 강하게 발생한다. 사람들은 어쩔 수 없는 상황조차도 자신이 통제하기를 원하고 자책한다. 완벽주의자처럼 지나친 자기통제 욕구를 가지고 있는 사람들도 우울과 불안에서 자유로울 수 없다. 자신이 할 수 있는 것과 없는 것을 구분하고 자신이 어쩔 수 없는 것은 통제의 끈을 놓아버리는 연습이 필요하다.

불안도 비슷하지만 우울함도 성향이 강한 사람들이 있다. 신경전달물질의 하나인 도파민이나 세로토닌이 부족한 사람들은 이런 감정에 쉽게 빠져든다. 불안과 우울에 잠겨 있는 상황에서 사람이 자신의 몸을 잘 움직이지 않고 어느 한 곳에 집중하지 못하는 것은 당연하다. 신체의 움직임을 통한 집중, 운동을 통한 집중은 이런 부족한 호르몬을 증가시키고 주의의 통제권을 강화하는 데 중요한 역할을 한다. 반복해서 강조하자면 불안과 우울은 생각 속에서 현실과 다르게 키워지는 경우가 많다. 어렵지만 떨어져나와 그것을 보고 다른 곳에 집중할 필요가 있다.

부정적 감정을 넘어 배우는 삶의 태도

죄책감과 수치심이
자신을 파괴하지 않도록

죄책감을
느끼는 사람과
수치심을 느끼는 사람

자기를 이해한다는 것은 자신의 감정을 읽을 줄 안다는 것이다. 자신의 감정을 이해하지 못하면 더 쉽게 감정에 휩싸여 자신을 더 파괴적으로 만들기도 한다. 감정은 나름의 의미와 역할을 가지고 있다. 우리는 감정을 통해 삶을 더 깊이 있게 이해하고, 삶을 더욱 안전하고 풍요롭게 만들 수 있다.

하지만 잘못 이해한 감정은 자신을 파괴하는 숨겨진 비수가 되기도 한다. 특히 부정적 감정은 인생을 허비하게 하고 자신을 무력하게 하며 삶을 회피하도록 만든다. 이런 부정적 감정 중에 우리가 꼭 구분하고 있어야 하는 것이 죄책감과 수치심이다.

죄책감과 수치심은 자신이 잘못한 것에 대한 감정이다. 자신이 생각하거나 행한 행동을 중지하도록 하는 브레이크 같은 역할을 한다. 그리고 그 잘못된 행동의 원인이 자신에게 있다고 믿을 때 느끼는 감정이다. 반면에 분노는 원인이 타인이나 외부에 있다고 믿을 때 일어나는 감정이다. 보통은 죄책감과 수치심을 동시에 느끼기도 하지만 따로 느끼기도 한다. 혹은 죄책감을 훨씬 더 많이 느끼고 거의 수치심은 느끼지 않는 사람도 있다.

그런데 어떤 연구결과에 의하면 죄책감은 느끼지만 수치심은 느끼지 않는 사람은 수치심을 더 많이 느끼는 사람보다 인간관계에서 공감 능력이 뛰어나고 더 건설적으로 분노를 조절한다고 한다. 수치심이 우세한 사람은 공감 능력이 훨씬 더 부족하고, 더 크게 분노하며 적대적이고, 분노를 적절히 통제하지 못하며, 우울증이 극도로 높아지는데, 더 심각한 것은 이러한 수치심이 무력감까지 유발한다는 점이다. 왜 그럴까?

죄책감은 자신의 잘못된 행동에 대해 후회하고 그 행동을 중지하거나 수정하도록 명령하는 역할을 한다. 그리고 그 원인은 나쁜 일을 했거나 잘못된 행동에 초점이 맞춰져 있다.

하지만 수치심은 행동보다는 자신의 잘못된 성격에서 그 원인을 찾는 감정이다. 자신의 성격적 결함이나 자아의 약점이 잘못된 행동을 촉발했다고 생각한다. 단순히 죄책감은 행동에 브레이크 걸고 교정하도록 하는 역할을 하지만 수치심은 자신의 존재를 부정적으로 여기기 때문에 문제가 크다. 성격적인 것은 바꿀 수 없다는 무력감 때문에 잘못된 행동을 사과하거나 자기통제력을 높이려는 노력 대신 회피나 외면하는 등 포기 상태를 만들어내기도 한다.

'나는 나쁜 사람'이라고
생각할수록
수치심을 느끼기 쉽다

수치심은 자신을 부정적으로 정의하고 있을 때 쉽게 일어난다.

누구나 잘못된 행동을 할 수 있다. 잘못을 했을 때 그 행동에만 초점을 맞추고 나쁜 행동을 멈추고 수정하면 되지 '난 나쁜 사람이다'고 정의할 필요는 없다. 단순하지만 함께 침범하는 부정적 감정을 분리하여 이해하지 못하면 자신을 점점 파괴하게 만든다.

감정을 이해하지 못하면 감정 자체에 집착하여 자기부정

의 씨앗으로 만들기 쉽다. 아이들을 혼낼 때 수치심을 느끼지 않도록 행동 그 자체에만 집중해야 한다. 자신의 행동 때문에 자신이 미워질 때 분명히 그 행동에 대해 집중해서 반성해야 한다. "난 원래 그런 사람인가보다"라는 의심과 연결하지 말아야 한다. 호탕하게 잘못을 시인하고 반성할 때 자신을 지킬 수 있다. 강조하지만 감정은 나름의 역할이 있어 존재한다. 그렇지만 감정 그 자체가 그 사람인 것은 아니다. 감정은 인간이라는 존재가 경험하는 수많은 경험 중에 하나일 뿐이다.

감사하는 마음에
행복이 깃든다

감사하는 마음은
뇌와 심장의 파동을 맞춰
공명한다

돌이켜 생각해보면 힘든 시기에도 든든하고 평온했던 때는 감사함을 쥐고 있던 때였던 것 같다. 감사는 마음의 문을 열고 세상과 평안하게 연결되어 긍정적 감정을 느끼게 한다. 마치 감사한다는 것이 우리의 몸과 마음에 강력한 항체라도 만들어내는 듯 느껴진다.

감사는 현미경처럼 평소에 잘 보이지 않던 긍정적인 측면과 가치를 보이게 만들고 우리의 주의를 그곳에 집중시키는 효과가 있다. 그래서인지 모든 종교에서 감사의 의식은 빠지지 않는다. 긍정성과 회복력을 향상시키는 방법에서 '감사하기'는 핵심적인 훈련이 되고 있다. 감사함을 느낄 때 우리 몸과 마음에서 일어나는 과학적 설명을 들으면 매일 규칙적인 운동을 하듯이 '감사훈련'을 해보고 싶어진다.

감사함을 느낄 때 우리 뇌의 왼쪽 전전두엽피질은 활성화된다. 그런데 이 부위는 사랑, 공감, 낙관, 열정, 활력과 같은 긍정적인 감정을 경험할 때 활성화되는 부위와 일치한다. 감사는 우리의 뇌를 활성화시켜 신경전달물질인 호르몬을 변화시킴으로써 긍정적인 감정을 유발하도록 한다.

미국 캘리포니아 대학교의 로버트 에몬스^{Robert Emmons} 교수와 마이애미 대학교의 마이클 맥컬로우^{Michael McCullough} 교수는 192명의 대학생을 대상으로 감사의 효과에 대한 공동연구를 진행했다. 연구결과에 따르면 삶을 긍정적으로 수용하고 감사일기를 쓴 사람이 그렇지 않은 사람들에 비해 행복지수가 높게 나타나는 것을 발견했다. 감사하는 사람이 더 행복하다는 의미다.

감사함이 만들어내는 긍정적인 마음이 사람의 신체에 어떤 영향을 미치는지에 대한 많은 연구가 이루어졌다. 그중 진정으로 감사하는 마음을 품게 되면 심장의 박동과 뇌의 주파수가 정확하게 일치한다는 연구결과가 있다. 심장과 뇌파의

부정적 감정을 넘어 배우는 삶의 태도

파동이 하나로 공명하여 가장 안정적인 상태를 만들어낸다는 것이다. 마치 한 공간에 여러 대의 바이올린이나 소리굽쇠를 두고 한쪽에서 소리를 내면 반대편에 있는 같은 음높이의 바이올린 줄이나 소리굽쇠가 울리는 현상과 같다. 공명이다. 감사함이 우리의 심신을 안정시켜 주는 것 외에 쉽게 다른 감사함으로 전달되고 파장되는 이유이기도 하다.

감사는 우리를 더욱 건강하게 만들어준다. 감사를 자주 느끼는 사람은 그렇지 않은 사람에 비해 질병에 잘 걸리지 않고, 걸려도 회복이 빠르다고 보고되고 있다. 우리가 감사할 때 뇌의 혈액량이 증가하고 소뇌에 충분한 혈액이 공급되어 엔도르핀이 분비되고 면역력이 증대되고 혈액순환이 잘 되기 때문이다.

앞의 사실들 덕분에 감사는 생리학적으로 스트레스 완화제 역할을 해서 분노, 화 등과 같은 불편한 감정을 덜 느끼게 할 뿐만 아니라 쉽게 극복하도록 만든다. 이러한 사실들은 감사하기가 인간 회복력의 핵심적인 구성요소임을 알린다. 감사는 인지적으로도 다른 사람과 연결되어 있으며 자신이 스스로 가치 있고 의미 있는 존재임을 인식하도록 한다. 그러니 같은 역경에서 원래 상태로 되돌아올 수 있는 회복력을 발휘하는 데 감사함을 느끼는 사람은 출발선이 다르다고 할 수 있다.

우리 존재가 먼 바다의
외딴섬처럼 서로
떨어져 있지 않다는 것

이런 사실들을 이해하고 나면 성공하는 사람들의 공통점이 늘 감사하는 마음이라는 사실은 당연하게 들린다. 많은 연구에서 감사를 자주 느끼는 사람들이 친절하고 타인에게 기꺼이 도움을 주는 태도를 보이며 수면, 일, 운동 등에서 보다 높은 성과를 보이고 있다고 한다. 감사가 만들어내는 이러한 파동은 사람이 마음의 문을 열고 타인과 쉽게 연결되게 함으로써 일상을 바라보는 틀을 변화시킨다고 볼 수 있다. 사람들 사이의 감사는 가장 강력한 연결감의 확인이다. 나의 존재가 섬으로 떨어져 있는 것이 아니라 누군가와 거대하게 상호 연결되어 있다는 것이다. 우리는 감사를 통해 연결된 자신의 존재를 확인한다.

자신의 성장에 가장 큰 영향을 준 사람들을 '의미 있는 타인'이라고 한다. 우리가 감사함을 느끼는 의미 있는 타인은 감사함으로 자신의 존재를 더욱 가치 있게 만든다. 내가 소중함을 느끼는 것은 그런 대접을 받을 자격이 있다고 생각하게 하고 나는 혼자가 아님을 확인하게 한다.

이때 나는 즐거움을 느끼며 순간과 현재에 몰입하게 된다. 그래서 감사는 두 팔을 벌려 세상을 품도록 우리의 입장을 변화시키는 가장 평온한 방법이다.

　우리가 굳이 감사한 일이 생길 때까지 마냥 기다릴 이유는 없는 듯하다. 적극적으로 일상에서 감사를 찾고 감사를 전하며 감사의 공명을 만들 필요가 있다. 감사함을 느끼는 것도 능력이다. 감사함은 매일매일 훈련으로 만들어진다. 매일매일 감사함이 반복되면 감사를 바라보는 시력이 달라지는 것을 느낄 수 있다. 당연하다고 지나치던 순간들이 감사할 이유와 의미를 명백히 보여준다. 그리고 이것이 깊어지면 존재 그 자체에 대한 감사로 커진다. 조건이 없는 감사는 가장 완벽한 자기 치유법이다.

가장 작은 노력으로
가장 큰 것을 얻으려면

베테랑은 실패하고
왕초보는 가볍게 성공하는
이상한 실험

"나는 모든 위대한 자의 하인이며, 모든 실패한 자의 주인이다."

여기에서 나는 누구일까? 위대한 자 아래서 그 명을 충실히 따르고 실패한 자를 짓누르고 있는 것. 바로 습관이다.

한 다큐멘터리에서 다양한 경력의 운전자를 모아 실험을 했다. 이동하려는 쪽의 반대로 방향지시등을 켜는 실험이었다. 왼쪽으로 진행하려면 오른쪽 깜빡이 신호를, 오른쪽으로 진행하려면 왼쪽 깜빡이 신호를 키면 된다. 그런데 운전경력이 많은 베테랑일수록 성공률은 급격하게 떨어졌다. 25년 경력의 운전자는 단 한 번도 성공하지 못했다. 반면 운전 경력이 일주일 미만인 사람들은 80~90퍼센트 수준의 성공률을 보였다.

　　오랫동안 반복된 습관을 의식적으로 제어한다는 것이 이렇게 어렵다. 이렇듯 우리는 수많은 행동을 습관으로 처리한다. 습관은 들이기도 어렵지만 버리기는 더욱 어렵다. 일단 습관이 들면 어려운 일도 아주 쉽게 처리할 수 있으며 자연스럽게 뇌의 기량을 최대한 발휘할 수 있게 된다.

머리로 생각하지 않아도
몸이 알아서
움직이는 까닭, 절차기억

인간에게 습관이라는 것은 뇌를 효율적으로 활용하기 위한 세이빙*saving* 시스템이다. 우리의 뇌는 뭔가가 반복적으로 일어나면 그것을 중요한 것이라고 인식하고 무의식적인 영역으로 넘겨버린다. 이렇게 함으로써 우리 뇌는 반복적인 일을 행할 때 일일이 의식적 에너지를 사용하지 않아도 되는 장점을 가지게 된다.

　　실제로 똑같은 일을 습관적으로 수행하는 사람과 그렇지

않은 사람을 비교하면 습관적으로 행동하는 사람이 훨씬 뇌를 적게 사용한다는 것을 알 수 있다. 세수, 운전, 자전거 타기와 같은 기억은 잘 잊어버리지 않는다. 그리고 의식적으로 생각하고 계산해서 하는 것이 아니라 익숙한 대로 자연스럽게 이루어지지는 편이다. 때로는 내가 하고 있는 줄도 모를 때가 있다. 이렇게 반복되어 익숙한 것들은 장기 기억인 절차기억에 해당된다.

절차기억에 의한 행동은 정밀하지만 거의 의식적 에너지를 쓰지 않으면서도 자연스럽고 자동적으로 이루어진다. 뇌는 많은 일을 하기 위해서 반복이라는 패턴을 가장 중요시한다. 그리고 새로운 것에 에너지를 듬뿍 사용한다.

부정적 감정을 넘어 배우는 삶의 태도

황금으로 바꿔주는
마법의 돌을 찾아
바닷가로 떠난 청년

흔히 성공한 사람들을 살펴보면 그들을 위대하게 만든 '습관'이란 하인을 두고 있다. 위대하지 않아도 뭔가를 이루고 성공한 사람들은 자신의 성공요인을 강화하는 어떤 패턴 속에서 생활한다. 미국의 사상가이며 시인인 랠프 에머슨*Ralph Emerson*은 무엇이든 기록하는 습관이 있었고, 레오나르도 다 빈치*Leonardo da Vinci*는 언제나 새롭고 창조적인 측면을 탐색하려 했으며, 알렉세이 톨스토이*Aleksei Nikolaevich Tolstoi*는 일기 쓰기를 통해 매일 성찰하는 습관을 가지고 있었다.

이런 사실은 특정 행동을 반복적으로 강화하고 심화시키는 역할을 했다. 그들에게 반복된 행동은 생각하고 행동하는 원칙이 되고 우선순위를 결정하는 명확한 기준이 되었다. 이것은 복잡한 일상에서 선택의 혼란을 피하면서 더 적은 에너지로 숙련과 성취를 만들어내는 원동력이 되었다. 그들을 위대하게 만든 성공의 자리에는 반복된 패턴의 습관이 자리했던 것이다.

어느 마을의 오래된 도서관에 불이 났다. 모든 책이 다 타고 단 한 권만 남았는데 지루하고 재미가 없어 가난한 청년의 손에 헐값으로 팔려갔다. 그런데 알고 보니 이 책에는 닿기만 하면 황금으로 변하는 '접촉의 돌'에 대한 비밀이 적혀 있었다. 그 돌은 흑해의 어느 해변에 다른 돌들과 함께 묻혀 있는데 만지면 따뜻한 기운이 돈다고 했다. 청년은 집을 팔고 빚을 내서 흑해로 달려갔다. 매일매일 돌을 들고 만져서 따뜻한 기운이 없으면 바다로 던지기를 반복했다. 그러나 그런 돌을 쉽게 찾을 수는 없었다.

1년이 가고 2년이 지난 어느 날 손으로 만진 돌은 정말로 다른 돌과 다르게 따뜻했다. 바로 이 돌이었다. 그런데 그 청년은 주저 없이 돌을 바다로 던져버렸다. 의지와 상관없이 습관적으로 반복된 돌 던지기는 이미 판단의 순간보다 빠르게 의식적 영역을 넘어 청년을 지배하고 있었던 것이다.

습관의 네트워크가 타고난 운명과 유전적 특질을 넘어서게 한다

우리의 뇌는 반복되는 것을 가장 중요하게 생각한다고 했다.

자신이 가진 유전적 특질을 뛰어 넘을 수 있다면 그것은 바로 장기적으로 반복된 뇌의 기억일 것이다. 운명을 뛰어넘을 수 있다는 사실은 인간에게 얼마나 행운이며 공평한 진실인가. 반복만 하면 된다는 것이다.

하지만 이 반복이라는 것이 이 세상에서 가장 어렵다는 것을 우리는 잘 알고 있다. 반복이 일정한 기간 유지되면 장기 기억으로 넘어가고 많은 자극들과 친밀하게 연결되어 하나의 굵직한 연결망으로 만들어진다. 이때부터 우리의 주의는 습관 네트워크의 통제를 받게 된다. 기존의 패턴에 따라 정확하면서도 빠르고 자연스럽게 주의가 이동하고 행동으로 이어지게 된다.

부정적 감정을 넘어 배우는 삶의 태도

에너지를 쓴다면 기존과 다른 차이를 제어하는 데 활용될 뿐이다. 우리가 간절히 원하는 것을 자신의 것으로 만들려고 할 때 의식적인 노력을 통해 일일이 경쟁한다면 모든 면에서 벅차고 늦을지도 모른다. 원하는 것을 구체화하고 그것을 관리하여 최대한 빠르게 습관의 네트워크로 편입시키는 것이 가장 중요하다. 가장 쉽게 위대해지는 비결은 습관을 만드는 것이다. 짧은 시간이라도 좋다. 매일 반복하며 나의 뇌를 길들일 작은 것을 무엇으로 할지 찾아보자.

뇌과학으로
나쁜 습관 버리기

습관은 한 번에
하나씩 만들거나
고쳐야 한다

사람들은 일정한 패턴과 습관을 중심으로 원심력을 가지면서 살아간다. 그것이 안정적이고 효율적이기 때문이다. 이것은 자연스럽고 당연한 뇌의 운영 시스템이지만 장단점이 있다.

글자를 독특하게 색깔로 읽는 실험이 있다. 예를 들어 '파랑'이라는 글자가 빨강색으로 적혀 있다. 이것을 글자 그대로 '파랑'이라고 읽지 않고 색깔인 '빨강'이라고 읽어야 한다. 글자는 '파랑'인데 색깔에 따라 읽으라고 하니 쉽게 읽지 못한다.

한 단어뿐이면 괜찮은데 이런 글자가 '빨강', '파랑', '검정', '초록' 등 줄줄이 이어져 있으면 당황스러워하면서 잘 읽지 못한다. 보통 글자를 읽을 때와 같은 속도로 읽으라고 재촉하면 긴장하다 못해 짜증을 내는 사람도 있다. 이런 실험의 대상이 되어본 사람들은 글자와 색깔을 모르는 것은 아닌데 더듬더듬 바보가 된 듯하다고 말한다.

우리는 글자를 정해진 음으로 읽지, 글자의 색으로 읽지는 않는다. 수십 년 동안 지켜온 글자 읽는 습관에 제동을 걸어 색에 따라 읽으라고 하니 머릿속에서 혼선이 일어난다. 즉, 뇌신경을 꼬아놓은 것 같은 경험을 하게 되는 것이다.

우리가 의존하며 사는 패턴과 습관들을 '익숙한 영역'이라고 한다. 습관과 같은 익숙한 영역은 사람들이 에너지를 덜 쓰면서 안정적으로 살아갈 수 있는 기반을 제공한다. 익숙한 영역이 많을수록 어려운 일도 일정한 수준으로 쉽게 해낼 수 있다.

복잡하고 어려운 것도 쉽게 해버리는 익숙한 영역은 만들기도 어렵고 굳어진 만큼 바꾸기도 어렵다. 그래서 습관의 변화는 위기와 갈등을 동반한다. 우리에게 익숙한 행동은 우리 뇌의 다른 복잡한 신경망과 밀접하게 얽혀 있기 때문에 바꾸려면 교란이 일어난다. 그래서 새로운 습관을 만들고 부정적 습관을 버리는 데 약간의 생각 전환이 필요하다.

만들고자 하는 습관으로 주의를 자주 이동하고 반복해야 하는데 이를 일상생활에서 반복적으로 일어나는 시스템과 연결시키면 편리하다. 메모하는 습관이나 숨을 깊고 천천히 내쉬는 습관을 들이고 싶다면 일정한 시간과 장소를 연결시켜서 반복하는 것이다. 예를 들어 자기 전에, 엘리베이터에서, 신호 대기 중 같이 시점이나 장소와 연결시켜 습관으로 반복될 것을 행하는 것이다. 혹, 행위를 하지 못하더라도 우리의 주의를 각인시키는 것이 필요하다.

하나의 습관이 만들어질 때, 다른 습관에 신경 쓰며 주의를 분산시키지 않는 것이 좋다. 그래서 습관은 한 번에 하나씩 만들거나 고친다고 말한다. 우리 뇌는 무엇인가를 이해하거나 의미를 가지게 되면 동기부여 시스템이 작동하며 이러한 것을 잘 기억한다. 이해와 의미 부여가 끝난 것은 행동으로 전환될 확률이 높아지고 행위에 대한 긍정적인 피드백을 만들어낸다.

그래서 습관의 의미에 대해 정확히 기록하는 것이 중요하다. 우리가 글을 쓸 때 뇌는 세 배 더 많은 영역을 활성화한다고 한다. 의미를 기록하고 관리하는 활동을 가볍게 매일 한다면 세 배나 많은 주의를 습관에 할당하는 것이다. 그리고

이런 주의와 의미가 몇 주 동안 반복되면 장기기억으로 넘어
간다.

　잘하고 못하고는 그 다음의 일이고 주의를 반복하여 행
동과 연결시키는 것이 중요하다. 그리고 부족하더라도 진행
하고 있는 습관의 긍정적인 면에 초점을 맞추며 관찰하고 칭
찬하는 것이 중요하다. 하나의 습관을 들일 때는 다른 습관에
신경 쓰며 주의를 분산시키지 않는 것이 좋다.

습관은 바꾸기보다
다른 습관으로
대체하라

습관 변화에서 중요한 두 가지
포인트는 부정적 습관을 바꾸
기보다 긍정적인 습관으로 대
체하라는 것이다. 그리고 이는 부정적 습관을 정확하게 인식
하는 것으로 시작해야 된다. 모두 느끼는 것이겠지만, 습관을
바꾸는 것은 만드는 것보다 어렵다. 부정적인 습관이라고 하
더라도 오랜 시간 함께 하면서 그만한 타당성과 논리가 확보
되어 있기 때문이다.

　그리고 이는 부정적 습관을 정확하게 인식하는 것으로
시작해야 된다. 그러나 부정적 습관을 고치기 위해 그 습관과

자주 상호작용하면 오히려 주의가 집중되는 기회가 늘어 부정성이 더 강화하는 현상이 벌어진다.

그러므로 자신을 부정적으로 보는 습관을 고치고 싶다면 긍정적인 면을 보는 습관에 집중하는 것이 옳다. 원하는 것에 초점을 맞추고 기존의 부정적인 습관은 공존하지만 외면하면서 그저 큰 자극이 가지 않을 만큼 내버려두는 것이다.

습관은 의식적인 영역보다는 무의식적 영역에 속한다고 해도 과언이 아니다. 그래서 실체를 정확하게 파악하지 못하고 자동적으로 행동과 결과로 이어지는 경우가 많다. 자신을 부정적으로 보는 습관은 이유를 따지지도 않고 부정적인 점만 골라내서 타당성을 만들고 결론 내버리기 때문이다.

긍정적인 면이 있지만 그것은 의식하지 못한다. 그래서 긍정적인 습관을 만들고 싶다면 처음에는 부정적 습관을 정확하게 인식하고 파악하는 것이 중요하다. 부정적인 습관이 언제 무엇 때문에 나타나는지를 확인하고 인정해야 한다. 예를 들어 다른 사람에게 인정받고 싶은 욕구 때문에 성과를 높이기 위해서 언제나 자신을 질책하며 자신의 부정적인 측면을 강조하고 있다고 해보자. 그럼 이를 알고 그런 자신을 인정해줘야 한다.

습관은 무의식에 저장되어 의식의 통제가 어렵기 때문에

부정적 감정을 넘어 배우는 삶의 태도

습관이 작동될 때를 잘 모르는 경우가 있다. 그래서 처음에는 부정적 습관의 발생을 인식하는 것이 중요해질 수 있다. 바꾸고자 하는 습관이 일어날 때 그냥 '습관'이라고 인식만 하고 판단 없이 그 상황을 확인하는 것이 좋다. 무의식에서 의식의 수준으로 끄집어내는 것인데 판단을 내리면 그 습관이 불필요하게 강화되기 때문이다. 마치 자신의 일이 아닌 듯 보고 인식만 하라는 뜻이다.

머릿속 상상의 무대에서 펼쳐지는 습관의 리허설

습관을 바꾸기 위해서는 긍정적인 습관으로 대체하라고 했는데 여기에는 애로 사항이 있다. 바꾸려고 하는 긍정적인 습관이 잘 나타나지 않거나 빈도수가 낮고 성공률도 낮은 경우다. 그래서 습관을 잘 들이려면 주의를 확대하기 위해서 습관이 완성된 결과를 상상하고 리허설하는 과정이 매우 유익하다. 상상과 리허설을 통해 원하는 습관의 결과에 자신의 주의를 자주 할당하여 익숙하게 만들자는 것이다. 현실과 상상을 구분하지 못하는 뇌를 활용하는 방법이다.

하지만 내 양심을 내가 알고 있듯이 리허설과 상상에는 차이가 있기 마련이고, 그만큼 상상에는 간절함이 있어야 한다. 상상은 상상일 뿐이고, 단지 주의를 쏟는 기회를 늘릴 뿐이다. 하지만 간절함이 강할 때 우리의 뇌는 현실과 상상을 구분하지 못하고 현실처럼 받아들인다. 그러면 실현이 가까워진다. 습관은 익숙함의 영역이기 때문이다. 어떻게 효과적으로 익숙해질지가 관건이다.

부정적 감정을 넘어 배우는 삶의 태도

생각에
갇히지 않는다는 것

내 삶의 주인으로 산다는 것 ....

불문율을 뒤집고
당연함을
깨어버리다

세계적인 가구 업체 이케아의 한
국 상륙은 화제의 사건이었다.
입점이 예고되었을 때 예정지
땅값이 들썩했을 정도였다. 이케아는 2011년 브랜드 순위 세
계 31위, 약 40조 원의 매출을 기록한 엄청난 기업이다. 스칸
디나비아 반도의 한 가구업체가 세계적인 브랜드로 성장할
수 있었던 것은 기존의 생각과 다른 발상을 했기 때문이다.

이케아는 제품을 만들 때 가격부터 정한다. 가장 저렴한
가격에 제품을 제공하면서도 실용성 있고 시크하고 고급스러

운 디자인을 추구하는 것이 목표다. 저렴한 가격을 유지하기 위해서 모든 시스템을 맞춰 나가는데 여기에 다른 발상이 존재한다. 비용이 많이 드는 배송과 조립을 고객에게 맡기는 것이다. 그리고 모든 것을 부품화함으로써 보관과 배송비용을 혁신적으로 줄여버렸다.

당시 업체들은 작은 공예품 수준을 뛰어넘는 가구를 고객이 직접 배송을 받아 조립한다는 생각을 하지 않았다. 가구의 큰 덩치 때문에 많은 비용이 드는 것은 당연했고 그래서 순환이 전 세계적으로 일어나기 어려운 것도 당연한 것이었다.

그 당연함을 깨버리고 나온 것이 이케아다. 이케아의 제품들은 모두 조립할 수 있는 부품들로 만들어졌고, 그 덕분에 보관과 배송이 획기적으로 저렴해지고 편리해졌다. 그리고 이케아는 고객이 쉽게 조립할 수 있도록 조립 방법이나 재질을 개선하는 데 더 몰두했다. 그들은 고객에게 "도와주셔서 감사합니다"라고 포장지에서도 인사한다. 약간 불편하지만 직접 사용할 가구를 조립하여 쓴다는 것은 엄청난 의미이고 이런 불편을 수용할 것이란 생각이 적중한 것이다. 불편함을 팔아 세계적으로 넘볼 수 없는 다국적 기업이 된 이케아는 기존의 불문율을 뒤집고 전혀 다른 생각에 도전하고 그 본질에 충실한 생각을 만들어냈다.

선명함 뒤에 가려진
가능성에서 새로운 세상을
찾을 수 있다

우리는 생각에 갇혀 산다. 일정한 통념, 고정관념, 불문율에 기대어 살면 복잡하지 않고 명확하다. 하지만 그런 정해진 생각에 갇혀 기회를 잃고 그 통념을 벗어나게 될까 전전긍긍하는 것도 현실이다. 우리가 생각을 뛰어넘지 못하기 때문에 성장도 멈춘다는 사실을 알아야 한다. 성장하지 않고 틀에 맞춰지는 삶은 빠르게 급변하는 현대에서 언제나 적응에 급급하고 불안을 느끼는 우리의 운명을 예고하는 듯하다. 세상은 변화하는데 변하지 못하고 변화를 두려워해야 하기 때문이다.

생각에 갇히는 것을 알아차리고 그 생각의 밖에서 바라볼 수 있기만 해도 스스로 펼칠 수 있는 세상이 더 많아지지 않을까. 작은 시골 모텔에서 시작한 세계적인 호텔 체인 포시즌스는 적은 객실에 각종 편의시설을 갖추는 대신 고가전략을 펼쳐 성공했다. 시작 당시에는 누구나 자멸하는 전략이라고 평가했다. 즉 통념에 위배되는 생각이었다.

하지만 그런 탓에 상상하지도 못한 호텔서비스와 가격에 맞는 충분한 가치를 더하게 되었다. 이때 만들어진 호텔 서비스가 현재 모든 호텔 서비스의 표준으로 시행되고 있는 것을 보면 생각에 갇힌다는 것과 이를 벗어난다는 것은 힘들고도 잔인하지 않은가 싶다. 중요한 점은 갇혀 있던 도발적 생각들이 지금에는 표준이라는 사실이다.

생각은 입장을 다르게 만들고 입장이 달라진 사람은 다른 도구를 선택하게 된다. 그리고 그들의 경험은 기존과 다른 상황을 만들어낸다. 우리가 불문율로 익숙하게 생각하는 영역이 어쩌면 장막일 수 있다. 너무 선명하게 보이는 것이 곧 새로운 세계에 대해서는 맹인일 수 있다는 증거다.

부정적 감정을 넘어 배우는 삶의 태도

자신을 불편하게 하는 편견, 즉 불편한 감정을 느끼게 만드는 잠재된 생각은 온 몸을 쉽게 피로하게 만들고, 잠을 자지 못하게 한다. 때로는 짜증이나 무기력, 불안과 걱정으로 이를 쉽게 관찰할 수도 있다. 하지만 우리는 무엇이 중요하게 느껴질 때 그것이 나의 편견으로 인해 그렇게 느껴지는 것인지를 쉽게 알 수 없다. 왜냐하면 편견은 쉽게 증명할 수 없는데도 그럴듯한 논리를 가지고 있기 때문이다.

취업과 스펙은 어느 정도의 상관관계를 갖는가? 과외 개수와 성적은? 수면 시간과 성실성, 회사 제도의 변화와 나의 입장 변화는 또 어떠한가? 당장 증명할 수는 없지만 그럴 듯한 이유를 가지고 있는 것들이다.

하지만 이런 편견들은 세밀하게 증명되거나 구분되지 못하는 특성을 보인다. 예를 들어 두려움을 만드는 미래는 아무리 정확해도 변화될 수밖에 없다. 그래서 우리는 불안 또는 걱정과 우울, 죄책감과 수치심을 구분하지 않고 습관적으로 인식하고 반응하기 쉽다. 또한 편견을 표현하고 반박하면서 나에게 유리한 새로운 편견을 만들고 조정할 수도 있다.

1. 표현하고 꼬리표 달기

불편한 일이 발생했거나 불편한 감정을 느낄 때 정확하게 그 이유와 감정을 글로 표현한다. 실체를 만들어내는 것이다. 정확하지 않던 감정도 글로 쓰다보면 조절되며, 그 과정에서 사라지기도 한다.

만일 "부서장이 바뀌면 내게도 분명히 안 좋은 영향이 올 거야"라는 불안한 생각이 들면 그렇게 느끼는 이유를 명확하게 글로 적는다. 예를 들어 "그 부서장은 자격증이나 학위를 중시하는 편이고, 기존 부서에서도 그렇게 행동해왔기 때문이다"라고 구체적으로 표현하며 자신의 감정이나 느낌을 한 단어로 정리해 꼬리표를 단다. 이것만으로도 본인의 감정을 스스로 선택하거나 판단할 수 있는 가능성을 높이게 된다.

2. 편견에 반박하기

어떤 불편한 결과를 만드는 생각이 있다면 그 생각을 표현하고 꼬리표를 달았으며 그 이유를 적었을 것이다. 이번에는 그 이유에 대해 의도적으로 반박해보자. 앞의 경우를 예로 들어 "그 부서장이 자격과 학위를 기준으로 그동안 줄곧 업무를 배치했는데 효율적이지 못한 결론을 얻었거나 창의적이지 못해서 문제라는 인식을 하게 되었다"라고 반박하는 것이다.

우리가 당연하다고 생각하는 것에 반박할 이유를 만드는 것은 쉽지 않다. 그래서 처음에는 반박의 논리적 신뢰성보다는 오히려 창의성이 필요하다. 긍정적인 사람은 어떤 현상에서든 긍정적인 이유를 빠르게 많이 만들어낼 수 있다. 편견을 가진 사람도 그 편견을 지지할 만한 이유를 먼저 더 많이 만들어낸다. 편견을 극복하기 위해서는 편견에 대해 반박할 수 있는 이유를 창의적으로 많이 만들 수 있어야 한다.

3. 편견에서 선택하기

자신의 생각을 구체화하여 꼬리표를 달고 긍정적인 반박을 하는 것에 익숙해졌는가? 그렇다면 많은 부분들이 편견에 의해 움직이고 있다는 사실을 알게 된다. 이제 여러 생각들 중에서 무엇을 선택할지가 중요하다는 깨달음이 자연스럽게 든다. '부서장의 이동에 따른 나의 업무 변화'는 많은 가능성을 가지고 있다. 일부분 고정되어 있고 그 편견이 사실이라고 해도 괜찮다. 고민하고 불편해하는 나 자신이 편견의 선택을 위해 생각하고 판단하고 행동하는 자신으로 변할 수 있다는 점에 주목하자. 그리고 세 번째 단계에서는 자신이 원하는 것을 적고 원하는 것을 위해 자신이 선택할 수 있는 편견, 생각을 골라 그 타당성을 적어보면 된다.

Class VI

사소한 것에서
발견하는 기쁨

세상은
보는 대로 보인다

마음은 정보를 처리하는 버튼이 되어 믿는 대로 세상을 보여준다

고등학교 때 지리 선생님은 어눌한 경상도 사투리로 "세상은, 있다 아이가, 니가 마음먹은 대로 변하게 되어 있다. 알긋나?"라고 자주 말씀하셨다. 그리고는 "짜식들" 이 한 마디가 설명의 전부였다. 왜 그런지 이유는 상세하게 듣지 못했다.

우리의 말에는 참 많은 비밀이 담겨 있는 듯하다. 마음을 '먹는다'고 표현한다. 먹는다는 것은 우리의 피와 살이 되고 모든 에너지의 근간이 되니 결국 먹는 것으로 우리가 존재한다.

어떤 마음을 선택하느냐에 따라 우리가 보는 방향과 초점이 결정된다. 마음에 따라 보이는 것과 보이지 않는 것이 결정되는 셈이다. 그리고 우리는 보이지 않는 것은 제외하고 보이는 것을 중심으로 상호작용하기 마련이다. 우리가 행동하는 동기도 무엇을 보는가에 따라 발생할 수도, 그렇지 않을 수도 있다.

우리의 뇌는 믿는 대로 정보를 처리한다. 마음이 정보를 처리하는 버튼이 된다. 똑같은 사실에서 긍정적인 사람은 좋지 않은 것을 최소화하고 좋은 것을 최대화하여 보게 된다. 반대로 부정적인 사람은 좋지 않은 것을 극대화하고 좋은 것을 최소화하여 상호작용한다. 마음에 따라 선택되는 정보도 달라지지만 우리 뇌로 들어온 정보가 어떤 기억의 시냅스와 연결될지도 결정하게 된다.

뇌의 작용원리는 '믿는 대로 정보를 처리한다'는 말로 정리할 수 있다. 마음이 정보를 처리하는 버튼이 되는 것이다. 결국 우리가 상호작용하는 대상은 사실 그 자체보다는 어떤 사실을 선택하느냐 혹은 그 사실을 믿느냐 하는 문제일지 모른다. 삶이란 우리의 인생에서 어떤 일이 생기느냐에 따라 결정되는 것이 아니라 우리가 어떤 태도를 취하느냐에 따라 결정된다는 말이 정확하다.

물론 불가능한 일을 마음먹는다고 세상이 변한다는 의미

는 아니다. 믿으면 이루어지리라는 말을 하는 것도 아니다. 변화시킬 수 있는 것과 변화시킬 수 없음을 판단하는 것은 중요한 지혜이며 마음을 먹는 출발점이다. 우리의 마음이 변화시킬 수 있는 것을 놓치지 않도록 길들여야 한다.

이미지 트레이닝이 실제 훈련과 같은 효과를 가져오는 이유

우리가 먹은 음식으로 생명을 유지하듯, 마음먹은 것으로 세상을 인식하고 상호작용하며 산다. 그리고 그 결과는 우리의 몸과 현실로 나타난다. 많은 운동선수들이 성공적으로 경기하는 자신의 모습과 최고의 장면을 지속적으로 상상하면서 이미지 트레이닝을 하고 있다. 상상이라는 마음먹기를 통해 원하는 현실을 만들어내는 것이다.

이런 이미지 트레이닝을 증명하기 위해서 농구 선수들을 세 팀으로 나누어 실험했다. 한 팀은 실제 훈련을 진행했고, 다른 한 팀은 상상만으로 훈련했으며, 나머지 한 팀은 아예 훈련을 하지 않았다. 그리고 일정한 시간이 지나 골을 넣는 시합을 했는데 상상으로 정교하게 훈련한 팀이 승리하는 결과가 나왔다고 한다. 상상은 모든 것이 가능하도록 마음을 먹게 만

사소한 것에서 발견하는 기쁨

든다. 그리고 일반적인 현실을 바꾼다. 우리는 뇌는 상상과 현실을 특별히 구분하지 않기 때문이다.

한편 마음은 몸을 치료한다. 요즘에는 마음이 몸을 바꾼다는 말을 흔하게 사용한다. 적어도 환자의 병을 치료하는데 환자가 어떤 마음가짐을 먹느냐에 따라 치료의 효과가 달라진다는 데는 동의하는 분위기다. 사람의 마음가짐이 면역 체계를 강화하고 궁극적으로 질병과 맞서 싸우는 저항력을 길러준다는 것이다. 마음가짐에 따라 선택하고 상호작용하는 정보도 달라지지만 결국 우리의 정서적 활력을 결정하기 때문이다.

정서적 반응이 질병의 예방과 치료에 통계적으로 유의한 효과를 보인다는 의학적 연구는 수 없이 많이 나오고 있다. 미국의 존스홉킨스 대학교 연구진이 586명을 대상으로 수행한 연구에서 긍정적인 태도가 심장질환에 가장 좋은 예방책이라는 사실을 밝혔다. 2003년 튜크 대학교 의료원의 연구진들은 심장질환을 앓고 있는 866명의 환자를 분석한 후 주기적으로 긍정적인 감정을 느낀 환자들이 부정적인 감정을 더 많이 느낀 환자들에 비해 11년 후 살아 있을 확률이 20퍼센트 높다는 사실을 발견했다. 또 2007년 하버드 대학교의 연구진은 6,265명의 자원자를 대상으로 수행한 연구에서 높은 수준의 정서

내 삶의 주인으로 산다는 것 .....

188

적 활력을 가진 사람들이 낮은 수준의 정서적 활력을 가진 사람들에 비해 관상동맥 심장질환을 앓을 확률이 19퍼센트 낮은 것을 밝혔다. 우리가 선택하는 마음은 우리 몸과 마음이 직면하는 인지적, 심리적, 육체적인 장면을 결정한다.

꾸준히 먹는 영양제처럼 마음에도 반복적인 연습이 필요하다

사소한 것에서 발견하는 기쁨

우리는 마음에 따라 몸과 생각과 행동이 연결되어 살아가는 존재임이 분명하다. 하지만 마음먹기에 따라 현실이 달라진다는 것이 식상하게 들리는 이유는 훈련되지 않은 마음으로 살고 있기 때문이다. 시시때때로 수많은 요인에 따라 변하는 현실에서 우리의 마음도 분간할 수 없을 정도로 흔들린다.

마음을 훈련한다는 것은 자신이 원하는 마음을 반복적으로 믿고 따른다는 뜻이다. 근심, 걱정, 불안과 같은 노폐물이 쌓이면 우리의 마음은 흔들리고 막힌다. 배고픔에 음식을 먹듯이 우리는 지속적으로 마음을 먹어야 한다. 부족한 영양제를 먹듯이 부족한 마음을 지속적으로 선택하고 지지해야 한다.

자신의 마음을 가지는 것은 현실에서 우리가 살아나갈

진짜 현실을 선택하는 과정이다. 이렇게 선택한 현실에서 우리가 살아가는 것은 분명한 사실인 듯하다. 늘 우리의 마음이 무엇을 고르는지 잘 살펴볼 일이다.

빠르게 달리기보다는
느리게 걷자

같은 주파수를 만나면
떨어져 있어도 울리는
소리굽쇠처럼

소리굽쇠는 쇠로 만든 U자 모양의 막대기다. 이를 고무망치로 가볍게 두드리면 고유의 주파수에 따라 맑은 음을 낸다. 여러 개의 소리굽쇠를 늘어놓고 하나의 소리굽쇠를 치면 다른 수많은 소리굽쇠 중에서 같은 파장을 가진 소리굽쇠만 함께 울린다. 바로 공명 현상이다.

사람의 생각과 정서는 하나의 파장이 되어 같은 생각과 정서를 가진 사람에게 공명을 울리고 그 결과는 확대된다. 양자역학을 운운하지 않더라도 사람은 그런 존재다. 특히 정서

란 이성적 판단과 정보를 인식하는 데 아주 강력하게 영향을
미친다.

긍정심리학의 창시자라고 불리고 '학습된 무기력'으로 유
명한 마틴 셀리그만*Martin Seligman* 교수는 학습된 무기력에서 왜
비단 무력감만 학습되는지 의문을 가졌다고 한다. 또한 왜 심
리학이라는 학문이 불안, 우울, 분노 등 부정적 정서에만 몰두
했는지 회의를 느끼기 시작하면서 긍정심리학을 연구하게 되
었다.

그래서 그는 정서, 특히 낙관적 정서의 학습을 강조한다.
간단히 말할 수 없지만 극히 단순화시켜 말하자면 '패턴'이다.
정서에는 기계적이지 않은 반복적 패턴의 훈련이 필요하다.

하나의 사건이나 정보를 접했을 때, 그 속에는 긍정적 의
미와 부정적 의미가 함께 존재하기 마련이다. 하지만 우리의
심리적 상태에 따라 먼저 다가오고 해석되는 정보는 달라진
다. 의도와 상관없이 어떤 사람은 긍정적인 측면이 먼저 인식
되고, 어떤 사람은 부정적인 측면이 먼저 인식된다. 많은 이유
가 있겠지만 가장 우선적인 것은 일상적인 패턴의 강도다. 어
떤 패턴의 주파수에 익숙하여 열려 있느냐가 중요해진다.

느린 속도가 주는
신비한 경험,
긍정성의 확대와 음미하기

이것은 평상시 우리의 주의가 어디에 더 많이 흘러가고 있는 가와 관련 있다. 반복된 주의의 패턴은 뇌가 활성화하는 패턴을 변화시킨다. 긍정적이고 싶은데 쉽게 바뀌지 않는 것은 굳어져 있는 패턴 때문에 그렇다. 자연스러운 일이다.

긍정성을 확대하려면 우리가 직면하는 사건에서 긍정적인 측면에 우리의 주의를 모으고 음미하는 시간을 늘리는 것이 제일 중요하다. 그러기 위해서는 우선 속도를 늦추어야 한다. 빠른 속도에서는 우리가 어디에 익숙한지 알아차릴 여지가 전혀 없다. 5년을 같은 거리로 출근했다면 이제 걸어서, 또는 자전거를 타고 똑같은 길로 다녀보자. 전혀 믿기지 않는 장면을 엄청나게 많이 보게 될 것이다. 자연, 사람, 건물 등에 쏟아지는 새로움과 증가하는 관심에서 좀 더 살아 있는 자신을 발견하게 된다.

그런 새로움은 바로 느린 속도가 주는 신비다. 경쟁과 생존이 우선시되는 일상에서 부정적인 정보에 민감할수록 표면적으로는 유리해진다. 그래서 부정적인 시각과 해석이 먼저 거부할 수 없는 의미를 던진다. 그렇기 때문에 매일, 매순간

사소한 것에서 발견하는 기쁨

속도를 늦추고 한 발 떨어져 긍정적인 의미에 나의 주의를 모으고 음미하는 것이 중요하다.

누리고 있는
행복에 대한 감사

따뜻한 집과
편안한 잠자리와
한 잔의 커피에 감사하라

긍정적인 해석력을 많이 가질수록 긍정적인 사건을 먼저 확인할 가능성이 커진다. 무조건 긍정적이고 낙관적으로 생각하라는 것이 아니다. 연구 결과에 의하면 긍정적인 사람이 부정적인 위기의 정보를 먼저 인지한다고 한다. 그리고 그런 위기가 끝났다는 것도 먼저 알아차린다고 한다.

긍정성은 인간의 능력을 확장시켜주고 인간의 삶을 천천히 세밀하게 만들어준다. 긍정적인 해석 능력을 키우는 방법에는 일상생활에서 긍정적인 의미를 자주 찾아보는 것이 있다. 예를 들면 "예전의 실패가 결국은 저런 성공을 만드는 것이었네"라며 다른 사람의 성공을 긍정적으로 해석해본다. 다른 사람과 하루에 하나의 긍정적인 해석을 공유하는 것만으로도 긍정적인 의미를 자주 만날 수 있게 된다.

좋은 일을 충분히 보상하고 음미하는 것도 긍정성을 확장하는 방법이다. 기분 좋고 활력이 넘치는 일, 기쁜 결과의 일을 충분히 느끼는 것이다. 좋은 성과를 내고도 서로 축하해줄 틈도 없이 다음의 과제로 넘어가는 성취지향적인 사람들이 있다. 어쩌면 더 큰 욕심에 긴장을 높이고 있거나 스스로는 아직 누릴 때가 아니라고 말하며 보장받지 못하는 미래에 모든 시간을 헌신하는 사람일 것이다. '누릴 수 있는 자격'은 스스로 자격이 있다고 믿을 때 온다. 그리고 그런 즐겁고 좋은 일을 누리고 음미하는 일, 스스로 칭찬하는 일은 다른 일과 주변 사람에게 확대재생산 되기 마련이다.

하루 정도는 억지로 시험을 친다고 생각하고 자신에게 주어진 축복을 세어보자. 거창한 것이 아니어도 의도적으로 사소한 곳에서 축복과 감사의 이유를 찾아보는 것이다. 아침에 일어나 화장실에서 자신의 얼굴을 보며 "따듯한 집에서 편안하게 잘 수 있었구나"라고 감사하며 그렇지 못한 것과 비교해본다. 원하는 커피를 골라서 먹을 수 있고, 좋아하는 야생차를 입에 담고 그 축복과 다행스러움을 셈하는 것이다.

평소에는 바라보지 않았던 축복을 셈할 때 감사와 긍정적 에너지가 밀려온다는 것을 느낄 수 있다. 긍정적 감정일 때 활성화되는 뇌 부위와 감사할 때 활성화되는 뇌 부위가 같은 것으로 나타났다고 한다. 처음에는 의식적일지 몰라도 축복을 셈하는 것은 감사를 통해 마음의 면역력을 높이는 자연현상이다.

공헌과 봉사를 통해 채우는 관계의 욕구

긍정심리학에서는 개별적으로 연구되어온 것이지만, 긍정적 정서를 유발시키는 원리가 많이 밝혀져 있다. 그중 대표적인 것이 몰입과 자신의 강점을 활용하는 것이다. 우리는 하고 싶어서가 아니라 필요에 의해서 행동할 때가 너무 많아져버렸다. 그래서 몰입할 기회가 적어져 어딘가에 흠뻑 빠진 자신을 바라볼 기회가 적다.

자신이 하고 싶은 일에 시간가는 줄 모르고 몰두하다가 빠져나왔을 때를 상상해보자. 그 든든하고 꽉 찬 느낌은 마치 세상이 내 것 같고, 자신이 신의 아들이라도 된 것 같다. 몰입은 흩어져 있는 주의를 한 곳에 온전히 투입하는 것이다. 그렇기 때문에 의식적인 혼선이나 분산 없이 몰입된 상황 속에서 쉽게 자신의 강점과 능력을 최대한 발휘할 수 있는 최고의 자신을 만나게 된다.

몰입을 하면 시스템적으로 긍정적 정서가 유발된다. 매일 일정한 시간만큼이라도 꾸준히 자신의 강점이나 좋아하는 일에 몰입하는 생활은 긍정적인 면을 의식하지 않아도 긍정적인 면을 먼저 보도록 만들어준다. 다른 이들을 위해 공헌하고 봉사하는 사람들의 얼굴은 하나같이 밝다. 요즘은 우울증 환자 등 정신적 스트레스를 받는 환자들에게 봉사와 같은 그룹 활동을 치료의 목적으로 활용하는 사례가 많다. 우리는 선한 일에 공헌하고 친절을 베풀고 그 순간의 느낌을 공유함으로써 긍정적 에너지를 생산해낼 수 있다. 공헌과 봉사를 자주 하는 사람들은 중독성이 있다고 말한다. 바로 긍정적 정서 때문이다. 기분이 좋고, 그래서 활력이 넘치는 곳에서 자신의 존재성을 뚜렷하게 인식하게 된다.

원시 부족 사회에서 자신의 존재가 타인에게 기여하는 꼭 필요한 존재라고 느낄 때 그 사회에서의 생존은 안정적일 수 있었다. 그래서 인간에게는 강한 관계의 욕구가 있고, 관계는 행동할 동기를 만들어낸다. 매일 공헌할 수 있는 기회를 찾고 그 봉사와 친절을 통해 상대가 가지게 되는 평안함과 행복을 상상하고 감사하는 일. 그것은 일상의 긍정성을 자신의 익숙한 영역으로 확장시키는 가장 편안한 방법이다. 명심해야 할 것은, 공헌은 나의 목적과 집단의 목적이 아니라 그런 도움이 필요한 사람과 공감할 때 의미가 있다는 점이다.

사
소
한
것
에
서
바
려
건
하
는
기
쁨

우연히 발견한 노을에
발길을 멈추다

내 삶의 주인으로 산다는 것 ····

일상을 놓치며
더욱 강한 감각적 자극에
길들여지는 현대인

한참을 일에 빠져 있다가 찻물을 받으러 거실로 나가는데 식탁에 아내와 막내딸이 앉아 너무 즐겁게 장난치며 수다를 떨고 있다. 둘의 눈은 사랑스럽게 떨어질 줄 모르고 마치 친구처럼 그 자체로 행복해 보인다. 근심 하나 없이 해맑은 얼굴로 웃는 아이를 보며 감사한 마음과 함께 흐뭇한 행복감이 밀려온다. 그리고 '나는 행복한 사람이구나' 하고 확신을 가지게 된다.

　일상생활에 잠시 멈춰서 그 순간을 그대로 음미할 때가

있다. 지나쳤더라면 모르고 사용하지 않았을 나의 감각과 감정은 그 순간에 온전히 빠져 녹아든다. 아이의 얼굴이나 자연에 조건 없이 마음이 가기 때문에 대상도 나도 모두 '순수한 주의'로 대면하게 된다. 음미하는 순간에 주의는 온통 그 속에 빠져 다른 어떤 것도 개입되지 않고 자연스럽게 잡음이 제거되어 대상과 상황에 몰입하게 된다.

긍정심리학에서는 긍정성을 확장하는 하나의 방법으로 '음미하기'를 권한다. 우리는 행복한 순간의 사진이나 기념품을 걸어놓고 그 순간들을 추억하며 음미하곤 한다. 지금 생각하면 흔한 문화 속의 행위들이 긍정과 행복을 확장하기 위한 의식적 활동이었던 것이다.

사소한 것에서 발견하는 기쁨

미국 로욜라 대학교의 프레드 브라이언트*Fred Bryant* 교수와 미시건 대학교 조셉 베로프*Joseph Veroff* 교수는 음미의 중요성을 강조한 책《인생을 향유하기*Savoring*》를 펴냈다. 이들은 가장 행복했던 순간이나 좋은 경험을 기억하며 음미하는 사람, 이런 경험을 음미하되 기념품을 보며 음미하는 사람, 아무 기억도 음미하지 않는 사람들을 세 집단으로 나누어 행복도를 측정했다. 행복도가 가장 높았던 사람은 기념물을 보면서 기억을 음미하는 사람들이었다.

적극적으로 음미하는 사람은 행복하고 긍정적인 경험에

주의를 기울이고 여기에 가치를 부여하며 긍정성을 확장하려는 사람들이다. 미국 럿거스 대학교 마우리치오 델가도[^Mauricio Delgado] 교수 팀은 '과거 음미하기[^Savoring the Past]' 연구를 통해 우리가 실제로 행복한 과거를 음미할 때 기분이 좋다고 느끼는 것은 물론이고 우리 뇌의 보상회로가 작동해 우리를 보다 긍정적이고 행복하게 만드는 것을 확인했다.

　과학적으로 확인된 사실이지만 얼핏 당연하게 보인다. 그렇다면 우리는 과연 얼마나 순간순간을 음미하며 하루를 보내고 있을까? 소외된 주의와 감각은 일상에서 존재감을 빼앗아 공허감을 만든다. 빠르게 지나치는 시간과 공간 속에서는 우리의 주의도 빠르게 이동할 수밖에 없다. 이렇게 빠른 속도는 우리의 감각과 느낌을 차분히 느껴볼 기회를 빼앗아간다. 맛으로 따지면 깊은 맛을 볼 여지가 없어진다는 것이고, 감각이 소외됨을 의미한다. 현대인들의 공허감은 이런 소외의 일상에서 만들어진다. 그래서 더 강하고 많은 감각적 자극을 원하는지 모르겠다.

발걸음을 잠시 멈추고 노을 지는 하늘을 바라보며

평소 10년 이상을 출퇴근하며 지나던 길이라도 주말에 자전 거를 타고 천천히 가보면 평소 에는 보지 못했던 재미있고 호기심 넘치는 장면들과 만나게 된다. 급박한 출퇴근 시간에는 신호등에 걸려 멈췄다고 하더 라도 주변을 살펴볼 여유가 없었다. 있는 그대로 우리의 주의 와 감각, 느낌을 가동시켜볼 기회가 없었던 것이다.

자신의 주의와 감각이 소외된 일상에서 벗어나 잠시 멈 춰서 자신의 감각이 원하는 곳에 주의를 집중하고 빠져들어 보자. 그러면 자신의 감각기관과 느낌들이 상호작용하며 그 자체로 존재감을 느끼게 된다. 자신의 주의와 감각기관이 주 변을 관찰하며 빠져들었던 순간에 잡음은 제거되고 그 순간 에 스스로 가치를 부여하며 행복을 만들어내는 것이다. 좋은 풍경이나 맛, 빛깔을 음미할 때는 그 자체로 충분하다. 오직 이를 음미하는 자신과 자신의 감각만 있으면 된다.

소외된 주의와 감각으로 세상을 대하기 때문에 주변에 널린 긍정과 행복의 사건을 지나쳐야만 했다. 빠르게 변하는 세상 속에서 우리가 만드는 성취는 쉽게 만족감을 지속시켜 주지 못한다. 경쟁적으로 강요받은 일, 선택할 수 없이 주어진

사소한 것에서 발견하는 기쁨

일들을 해내기 바빠서 머무르며 천천히 느끼고 빠져보는 감각을 잃어버렸는지도 모른다.

멈춰서 일상의 사소한 기억과 장면을 음미하는 것은 오랫동안 사용하지 못해 굳었던 손의 감각을 깨우는 것과 같다. 잊었던 모국어를 더듬어 찾아내는 것과 같이 기쁜 일이다. 음미한다는 것은 더 바쁘게 움직여야 살아남을 수 있다는 군중의 심리에 급하게 반응만 하다 빼앗겼던 자신의 주의와 감각, 존재감을 찾는 일이다.

멈춰야 음미할 수 있다. 그래야 내가 선택할 수 있다. 그 상태라야 집중하고 몰입할 수 있다. 그 몰입 속에서 온전히 나의 감각과 느낌, 존재마저도 군더더기 없이 활용될 수 있다. 자신이 전체가 되는 것이다. 음미는 그 자체로 목적이 되는 순수한 주의를 활용하는 상태다.

음미의 순간에 느끼는 가치는 내가 존재하는 가치와 일치된다. 나만의 숨겨둔 가치와 행복이 있을 때, 퍽퍽하게 밀려다니는 순간에도 여유를 만들어 현실을 밀고 나갈 힘을 만들어낼 수 있다. 퇴근길에 우연히 물든 노을에 발길을 멈추고 음미한 순간의 감성 때문에 긴장이 해소되는 기분을 느껴보았을 것이다.

음미는 자신과 자신의 존재를 소외시키지 않고 몰입하도

록 한다. 음미한다는 것은 스스로 선택하고 누릴 수 있다는 점에서 자신을 동기부여하는 행위이다. 보상회로를 자극해서 원한다면 언제나 누릴 수 있는 행복의 스위치를 만들어 역경 속에서도 회복력을 높이는 방법이기도 하다.

주변의 일상, 빈약한 자원 속에서도 자신의 행복을 찾고 누릴 수 있는 시력을 얻게 되는 것이다. 하루에 한 번이라도 해지는 노을이나, 주변 친구들의 웃음이나, 햇빛을 받으며 살랑이는 풀잎이나, 여행지의 풍경이나, 깔깔한 이부자리를 찾아서 느껴보자. 온전히 나만의 힘으로도 충분히 긍정적이고 행복한 시간을 만들 수 있으니까.

사소한 것에서 발견하는 기쁨

'마인드셋',
내가 설정하는 나의 한계

학점과 등수에 매달리며
가시적인 성과를 향해서
돌진하는 사람들

미국 행동과학의 거장 캐롤 드
웩*Carol Dweck*은 40년간 청소년의
동기와 성취에 대한 연구를 집
대성하면서 사람들이 무엇을 믿는지가 무엇을 성취하는지에
영향을 준다는 '마인드셋*Mindset*' 이론을 펼쳤다. 자기 자신과 자
신의 능력에 대한 믿음이 경험을 해석하는 방법과 한계를 결
정한다는 것이다. 너무도 당연한 주장이지만 실제 수많은 과
학적 연구 결과를 통해 증명된 결과들이라 의미가 깊다. 사람
은 어느 누구도 자신의 생각보다 높은 곳에 오를 수 없다. 우

리는 생각하고 상상한 것을 실현하기 위해서 행동한다. 믿는 것을 증명하는 쪽으로 인식하고 행동하는 것이 인간이기 때문이다. 그래서 가능하다고 생각하지 않고는 어떤 것도 이루어낼 수 없다.

우리의 뇌도 가능하다고 생각한 것, 믿는 것을 중심으로 활성화된다. 뭔가를 이루고 싶을 때는 먼저 생각하고 상상하는 것부터 시작해야 한다. 자신의 생각이 행동을 이끄는 것이 아니라 오히려 감옥이 되어 스스로를 제약하는 하는 경우가 흔히 있다. 생각이 제한적이라면 잠재력에도 한계가 있다. 생각을 계속 키워갈 수 있다면 행동도 커져갈 것이고 잠재력은 자신의 한계를 확장해나갈 것이다.

캐롤 드웩이 말하는 마인드셋은 크게 고정형 마인드셋과 성장형 마인트셋으로 나뉜다. 고정형 마인트셋은 사람들의 지능과 능력이 고정되어 있다고 믿는 것이다. 이미 능력은 정해져 있다고 여기기 때문에 자신의 능력 이상을 추구하지 않는다. 단지 목표가 있다면 그것은 자신이 가진 능력을 증명해 보이는 것에 불과하다. 그래서 1등이나 A학점과 같은 '수행적 목표'를 좋아한다.

그런데 이런 사람들은 목표를 향해 돌진하다가 난관을 만나면 쉽게 포기하거나 피해버리기 쉽다. 노력보다는 결과를

극적으로 만들 편법을 쓰기도 한다. 결과가 우선이기 때문이
다. 잘못된 결과는 자신의 능력을 부정적으로 확인시켜주는
지표라고 생각한다. 똑똑하다는 소리를 듣기 좋아하지만 그
렇지 못하거나 더 똑똑한 사람을 보면 쉽게 열등감을 느낀다.

그런 이런 단면은 구조적으로 개인의 만족과 행복에 매우 부
정적인 영향을 끼친다. 많은 사람들과 공감하고 관계를 맺기
어렵고, 자주 찾아오는 현실과의 부조화 때문에 자신을 은폐
하거나 현상을 부정하며 늘 긴장하게 된다.

몰입의 경험은
다시 몰입의 경험을
증진시킨다

반면에 사람의 지능과 능력은
노력에 의해 개발되고 성장한다
고 믿는 것을 성장형 사고라고
한다. 이런 사고를 가진 사람들은 노력의 과정을 성장의 기회
로 생각하기 때문에 결과보다는 과정에 보다 많은 의미를 둔
다. 이런 탓에 과정에서 생기는 실패는 자신을 확장하는 좋은
기회로 받아들이며, 이런 상황에서 도전감과 의욕이 오히려
고취되는 특성을 가지고 있다.

고정형 마인드셋과 비교하면 과정과 실패에 대한 견해에

서 가장 많은 차이를 보인다. 과정에서 충분히 성장의 기회를 누리는 사람과 무슨 수단을 사용해서라도 좋은 결과를 만들어내야 한다는 사람, 실패를 자신의 모자란 능력을 증명해버리는 것으로 생각하는 사람과 실패가 있기 때문에 성공이 가능하다고 설레는 사람은 분명히 차이가 있다.

성장형 마인드셋을 가진 사람들이 과정에서 보다 많은 경험을 누리고 피드백을 받기 때문에 배움과 노하우도 많고 역경에 대한 회복력이 강하다. 그래서 역경에서 희망으로 접근할 다양한 측면을 가지고 있고 더욱 충만한 인생을 살아갈 수 있는 것이다.

성장형 마인드셋을 가진 사람들은 자신이 하고 있는 일을 평가받기 위한 대상이 아니라 스스로 성장을 일궈가는 과정으로 인식한다. 그래서 실패와 난관에도 다시 도전하고 지속시킬 가능성이 커진다. 자연스럽게 자신이 하는 일에 몰입한다. 자신이 원하는 일을 주변의 시선이 아니라 자신의 의사에 따라 덜 갈등하면서 몰입하고 지속시킬 수 있는 장점이 있다.

미래학자 다니엘 핑크*Daniel Pink*는 숙련의 세 가지 법칙 중 첫 번째로 마음의 자세를 꼽았다. 환경을 극복하고 자신을 확장하려는 끈질긴 노력은 성장형 사고와 같은 믿음에서 만들어진다고 할 수 있다. 이때 사람들은 하고 있는 일 그 자체에 몰입한다. 결과나 결과에 의한 증명 때문이 아니라 그 일 자체가 좋아서 몰입하는 자기목적적 행동을 하게 될 가능성이 높다.

몰입의 경험은 다시 몰입의 경험을 증진시키면서 경험을 확장한다. 확장되는 몰입의 경험은 사람에게 긍정적인 정서를 부여한다. 반드시 몰입에는 만족과 즐거운 행복이 뒤따른다. 끈질긴 노력과 역경을 긍정적으로 해석하는 능력은 숙련의 과정을 촉진시킴으로써 사람을 확장시키고 자신의 내적 욕구를 충족시켜 보다 활력 있는 삶을 살아가게 한다.

뇌가 그렇듯이 사람의 능력은 변하고 시간과 환경에 따라 성장해나가는 것이다. 굳이 현재에 한계로 나타나는 나의 능력에 유전적 굴레를 씌워 자신을 제약할 필요가 없다. 부정적 감정과 불필요하게 싸울 필요가 없다.

뭔가를 이루고 싶다면 먼저 자신이 확실히 믿도록 해야 한다. 뭔가를 시작하는 것도 중요하지만 그것을 왜 하는지 묻고 자신의 가능성에 대한 생각의 구조부터 바꿔야 한다. 이것이 논리적이고 과학적인 순서다.

나의 열망은 어떻게
나의 삶과 연결되는가

부와 명예라는 열망과
배우고 성장하길 바라는
열망

우리가 인생을 살아가면서 갖는 다양한 열망은 많은 것을 획득하게 하지만 많은 것을 잃게 만들기도 한다. 간절히 원하는 열망을 이루기 위해 인생의 시간을 태우지만 그러한 열망이 어떤 것인가에 따라 다시는 되돌릴 수 없는 인생의 시간을 잃어버릴 수도 있다.

심리학자인 리처드 라이언*Richard Ryan*과 그 연구팀은 수백 명의 데이터를 얻어 인생의 열망을 여섯 가지로 구분하고 외적 열망과 내적 열망으로 나누었다. 외적 열망은 부, 명예, 신체적 매력을 지향하는 수단적 열망을, 내적 열망은 자기 능력의 인지, 자율성, 관계의 욕구로 만족스러운 인간관계를 맺고 공동체에 공헌하며 성숙한 개인으로 발전하는 열망을 말한다.

　결론부터 말하자면 주로 내적 열망을 지향하는 사람들은 행복감이 높고 활력 있으며 자기존중감도 컸다. 그리고 자신을 긍정적으로 인식하고 정신도 건강한 것으로 나타났다. 반면 외적 열망을 지향하는 사람들은 보다 불안하고 우울했으며 정신적 건강이 좋지 않았다. 내적 열망을 지향하는 사람이 외적 열망을 가지지 않는 것은 아니다. 다만 정신적으로 건강하고 행복한 사람은 외적 열망만을 좇지 않는다는 사실이다.

　로체스터 대학교의 졸업생 1,300명을 연구한 결과가 있다. 졸업생 가운데 내적 열망을 추구하는 집단과 외적 열망을 추구하는 집단을 구분하고, 졸업 후 어떻게 지내고 있는지 추적 조사한 결과다. 다른 이의 삶이 나아지도록 돕고 배우며 성장하기를 바라는 내적 열망을 지향하는 사람들은 삶의 만족도와 주관적 행복도가 높았고 대학생 때보다 불안감과 우울증이 줄어들었다고 한다. 반면에 부자가 되거나 명성을 얻는 외적 열망을 지향하는 학생들은 대학생 때보다 그다지 나아지지 않은 행복감을 나타냈으며 불안과 우울 증세는 높아졌다고 한다.

외적 풍요 속에서
공허가 느껴진다면
내적 열망을 채워야 한다

서로 다른 열망이 발달 과정에 어떤 영향을 미치는지 보기 위해 어머니와 자녀를 14년 동안 추적 조사한 결과도 있다. 외적 열망에 치중하는 청소년들은 자율성을 보장하지 않는 어머니의 통제 밑에서 자란 경우가 많았다. 내면적 욕구를 충족하지 못한 이들은 조건부로 자신의 가치를 매기는 경향이 높았고, 타인의 규칙과 가치를 무비판적으로 받아들여 타인이 바라는 삶을 살아가는 경향을 보였다. 반면에 따뜻하고 헌신적이며 자율성을 존중하는 부모 밑에서 자란 청소년은 내적 열망이 더 큰 것으로 나타났으며 정신적으로 건강한 행복의 토대를 갖추고 있었다.

사람들이 어떤 열망을 추구하며 사는가는 행복한 삶을 위해서 매우 중요하다. 그리고 외적 열망과 내적 열망의 균형을 유지하는 것은 더더욱 중요하다. 내적 열망에서 밝힌 자신의 능력, 자율성, 긍정적 관계에 대한 욕구들이 사람들의 정신적 건강과 행복을 위해서 반드시 충족되어야 하는 인간의 기본 욕구라는 사실을 알 필요가 있다.

동기심리학자들은 많은 연구를 통해 인간에게 자기능력을 확장하려는 욕구, 자율성 욕구, 관계의 욕구라는 기본적인

사소한 것에서 발견하는 기쁨

욕구가 존재함을 밝혔다. 이러한 기본적인 욕구를 '내재적 욕구'라고 하는데 식욕과 같이 충족되지 않았을 때는 많은 부조화 현상을 동반한다. 반대로 잘 충족되었을 때는 건강한 자아를 형성하고 긍정적인 정서와 주관적인 행복감을 만끽하면서 삶의 질을 향상시킬 수 있다.

사람들은 누구나 존재감을 느끼며 행복하기를 바란다. 활력 있고 열정적으로 자신의 삶을 살기를 바란다. 이러한 궁극적인 열망을 충족시키기 위해서 사람에게는 내재적 욕구의 충족이 무엇보다 중요하다. 적절한 도전을 통해 자신의 능력이 확장되는 것을 확인하고, 자율적으로 선택한 일에 참여하여 결과에 영향을 미치기를 바란다.

자신이 속한 공동체에 공헌하며 보다 성숙한 자아를 만들어나가기를 바란다. 자신이 간절히 바라는 열망이 그저 외적인 풍요만이 아니라 자신의 내적인 성장과 어떻게 연결되는지 한 번쯤 따져보는 것도 좋은 일이다. 잠시 멈춰서 나의 수많은 열망 중에 적어도 하나는 나의 내적 삶을 풍요롭게 할 감초로 정해보는 것이 어떨까. 든든한 나의 버팀목, 외적 풍요의 끝없는 공허에서 나를 지켜줄 순풍의 돛처럼.

무중력의 공간을 부유하는 우주인처럼

새로운 생각을 담기 위해서는 빈 그릇이 필요하다

우리는 의도하지 않아도 떠오르는 생각과 감정에 얽매여 헤어나지 못할 때가 많다. 갈등과 대립 또는 불안과 걱정의 부정적 상황에서는 더욱 그렇다. 자신을 파국으로 몰고 갈 것 같은 생각과 감정에 직면하면 당장이라도 해결하고 싶은 마음에 얽매이기 마련이다. 설령 그것이 나의 생각과 판단일 뿐이라도 자신을 엄습할 현실처럼 선명하게 다가오기 때문이다.

해결하고 싶은 문제에 직면했을 때나 특별한 목적을 위

해 아이디어를 내야 할 때는 마음이 더 조급해진다. 다양한 측면을 자유롭게 검토하고 창의적인 아이디어를 내야 하지만 생각에 얽매여 있어 새로운 영감이 떠오르지 않는다. 떠오르는 생각과 감정을 조금 떨어져서 볼 수 있어야 할 때 오히려 더욱 구속된다. 열린 상태가 필요한 상황인데 오히려 닫힌 상태가 될 때가 많다. 생각과 감정에 얽매이지 않고 새로운 것을 보고 새로운 길을 잡기 위해서는 여백이 필요하다. 바라볼 수 있는 거리가 필요하다. 우물 안을 보기 위해서는 우물 안에서 빠져 나와야 한다.

우주 영화의 한 장면을 상상해보자. 중력이 유지되던 우주선에서 인공 중력이 사라지면 주변의 모든 물체가 둥둥 떠다니는 것을 볼 수 있을 것이다. 우주인은 마치 음악에 맞춰 춤추듯 떠다니는 물체들을 물끄러미 바라본다. 바로 이 상태를 그대로 우리의 의식에 가져와서 보자. 의도하지 않아도 피어오르는 것이 사람의 생각이다. 의식 속에 둥둥 떠다니는 생각들을 우리는 가만히 내버려두지 못한다. 그중에서 때로는 의도적으로, 때로는 습관적으로, 때로는 조급함 때문에 집착하고 얽매인다.

새로운 것을 보고 새로운 길을 잡기 위해서는 여백이 필요하다. 바라볼 수 있는 거리가 필요하다. 우물 안을 보기 위해서는 우물 안에서 빠져나와야 한다. 그래야 풀리지 않던 문제나 갈등을 해결할 새로운 연결을 찾아낼 수 있다. 그럼에도 우리는 익숙한 영역의 우물 속에서 쉽게 빠져나오지 못한다. 설령 빠져나온다고 해도 둥둥 떠다니는 생각과 기억들을 편안한 마음으로 바라보는 것이 쉽지가 않다. 그것이 해답일 때가 많은데도 우리의 일반적 심리는 쉽게 허락하지 않는다.

사람은 어느 하나에 집중할 때도 필요하지만 새로운 생각과 생각의 연결을 위해서 우물 밖으로 나와 주위를 관망할 수 있는 순간도 필요하다. 통찰명상이라는 것이 있다. 어느 하나에 주의를 집중하는 집중명상과 달리 우리에게 일어나는 생각과 느낌, 감각 등을 있는 그대로 관찰하는 것이다.

이때 일어나는 일에 특별한 판단을 내리게 되면 그 생각으로 끌려 들어가게 된다. 그러니 우주인이 둥둥 떠다니는 물체를 그저 관망하고 바라보듯이, 판단 없이 바라보아야 한다. 그러다 보면 내 속에 있는 것들을 바라보는 것 같지만 전혀 생각하지 않고 의도하지 않았던 생각들을 관찰하게 될 때가 많다. 익숙한 것에 사로잡혀 평소에는 바라보지 못했던 것을 볼 수 있게 된다. 만약 그저 관망하는 것이 아니라 일어나는 모든 것에 쫓겨다니다 보면 주의력이 고갈되는 주의력 결핍이 일어나게 될지 모른다.

열린 의식이 가져오는
의식의 성숙과
창의적 통찰이라는 열매

다니엘 골먼*Daniel Goleman*은 주변을 관망하는 의식을 '열린 의식'이라고 설명하면서 이것이 창조적인 혁신과 예기치 못한 통찰력을 위한 정신적 기반이라고 했다. 우리의 고민이 해결되는 순간이나 창조적인 발명과 발견이 일어나는 순간을 살펴보면 이런 열린 의식 상태가 대부분이라는 것이다.

우리의 의식이 잡념이나 잡담에 끌려다니지 않으면서 그저 생각과 느낌 사이를 관망하는 편안한 상태에 이르면 새로운 측면의 연결이 길을 잡는다. 목욕탕 속의 '유레카'도 이런 편안한 상태에서 기존의 모든 뇌신경 세포 시냅스가 일순간 광장으로 나와 연결되고 하나로 집중되어 나타난 창조적 탄생인지도 모른다.

신경과 의사인 강동화 교수는 저서 《나쁜 뇌를 써라》에서 '열린 집중'이란 용어를 사용했다. 집중의 한 형태인 열린 의식 상태의 집중을 잘 드러내는 표현 같다. 열린 의식이든 열린 집중이든 우리에게 필요한 것은 여백, 이완, 집중, 관망처럼 기존의 생각을 배제하는 기술들 아닐까? 창조적 능력이 요구하는 일들이다.

이를 통해 일상에서 불필요한 문제나 생각의 괴롭힘에서 쉽게 벗어날 수 있는 힘을 가지게 된다. 열린 의식은 쉽지가 않다. 사람들은 자신에게 익숙한 것들을 중심으로 살아가면서 생존의 안정성을 유지한다. 생존의 안정성을 유지하기 위해서 익숙한 영역이나 관성에서 벗어나지 않으려는 것이 인간의 성향이라면 열린 의식은 이에 반하는 위험한 행동들일 수 있다.

하지만 열린 의식은 인간 의식의 성숙을 뜻하며, 여기에는 고차원적인 두뇌 조절 능력도 필요하다. 우리의 주의를 수많은 생각과 그에 이어지는 반응에 내버려두면 조절되지 못한 채 떠다니게 되고, 그러다 누더기가 된 맥없는 주의를 발견하게 될지 모른다. 열린 의식 속에서 우리의 주의는 개방성과 유연성, 다양성을 달성하게 된다.

그 열매는 좀 더 창의적으로 문제를 해결할 새로운 통찰력을 얻을 뿐만 아니라 새로운 창조를 만들어내는 것이다. 또한 일상에서 불필요한 문제나 생각의 괴롭힘에서 쉽게 벗어날 수 있는 힘을 가지게 된다. 중요하다고 단언하는 생각에 끌려가지 않고, 주변의 고정된 관념에 묶이지 않고 있는 그대로를 지켜볼 수 있는 힘이 생기기 때문이다. 쉽게 끌려 다니지 않고 마음속에 둥둥 떠다니는 모든 것을 인정하고 관찰할 수

있으니 불필요한 의식적 낭비는 줄고 새로운 생각을 포착해
내기가 용이하다.

하루에 한 번
그저 의자에 앉아서
멍하니 창밖을 바라보며

사람들이 가지고 있는 무한한 능력, 기존에 가지지 못했던 능력을 만들어내는 슈퍼 의식은 아마 이 열린 의식을 토대로 발달되는 것이 아닐까. 열린 의식이란 고도로 발달된 주의조절력을 의미한다고 했다. 우리 머릿속에 저절로 피어오르는 수많은 생각에 반응적으로 대응하지 않고 고정관념에 얽매여 쉽게 해석하지 않아야 한다. 이렇게 우리는 반응적이고 끌려가는 주의를 통제할 수 있어야 한다. 그러면서 수많은 생각과 감정을 지켜보면서 기존에 보지 못했던 측면을 통찰하기 위해 주의를 지속적으로 유지할 수 있어야 한다.

그저 주변에서 일어나는 일을 판단 없이 편안하게 관찰하라. 어떤 CEO는 매일 의자에 온 몸을 편안히 늘어뜨리고 짧은 시간 동안 창밖을 멍하니 쳐다본다고 한다. 이 시간을 통해 진정한 휴식과 새로운 아이디어를 얻는 것이다. 이런 환경에

서 우리의 뇌는 편안하고 안정적인 알파파를 만들어낸다. 그리고 기존에 집착하던 의식의 영역을 무의식적 영역으로 옮기며 통찰의 넓이를 확장한다.

거창한 것이 아니더라도 일상에 불필요한 상념에 끌려다니며 스스로를 괴롭히고 타인의 반응에 상처받지 않고 웰빙하기 위해서는 열린 의식의 성장이 꼭 필요하다. 가만히 나에게 피어오르는 생각과 감정들을 지켜보는 일은 할 일 없이 '멍때리는 것' 같지만 최고의 휴식과 여유 그리고 최고의 통찰력을 선사할 것이다.

누구나 자신이 원하는 현실을 살고 싶어한다. 하지만 뜻대로 되지 않거나 목표를 실현하다 좌절하기도 한다. 어디까지나 마음속 다짐이기 때문이다. 하나의 목표를 향해 생각을 지속 시키는 것은 꽤 힘들다. 생각은 시간이 지나면 그 에너지가 줄 어들기 마련이다.

　생각을 실현하기 위해서 우리는 매일 정밀한 그림을 그 려야 한다. 그리고 그 그림을 그릴 충분한 명분을 가져야 한 다. 우리는 그림을 그리지 못해서 성취하지 못하고, 지속적으 로 노력하지 못한다.

1. 이유를 명확하게 하기

　생각을 실현하기 위해서는 실현하고자 하는 일의 지속성 을 끌고 갈 명분, 이유why가 명확해야 한다. 사람이 행동을 하 는 이유를 적는다는 것은 행동의 가치와 의미를 명확히 한다 는 뜻이다. 생각을 실현하기 위한 가치와 의미, 간절함이 명료 한 글로 표현될 때 이를 위해 움직일 동기와 지구력이 강해진 다. 좀 더 현실적이기 때문에 현실로 만들어지기 쉽다.

2. 단계별로 작은 목표를 구체화하기

몰입에서 가장 중요한 것은 명확한 목표와 피드백이다. 목표를 향해 걸어가면서 잘 진행되고 있는지 피드백을 하는 것은 목표를 지속시킬 힘을 준다. 하지만 목표가 너무 멀고 크면 구체화하거나 지속해나가기 힘들다. 정밀한 상상을 할 수 있도록 작은 목표를 단계별로 나누자. 높은 산에 오르는 방법을 아는가? 단숨에 오르는 것이 아니다. 중간중간 목표를 잘라서 도전해야 한다.

3. 작은 목표가 성취되는 순간을 정밀하게 상상하기

눈을 감고 목표가 성취되는 순간을 시뮬레이션하며 정밀화를 그려나간다는 것은 엄청난 주의력과 뇌의 발달을 필요로 한다. 목표가 달성되는 순간을 떠올려보라. 목표가 명확하고 그 달성을 확인할 만한 피드백이 명확해야 달성의 순간을 집어낼 수 있다.

목표가 달성되는 순간이 확실해지면 우리의 행동은 그 정밀화의 믿음을 근거로 생각하고 행동하게 되는 경향이 강해진다. 성취되는 순간을 대충 그려보는 것이 아니다. 배경과 환경의 구체적인 묘사에서부터 점점 자신 주변으로까지 상상의 범위를 넓힌다. 상상할 때는 사람들의 옷, 색깔, 액세서리,

표정까지 구체적으로 묘사한다. 점점 배경이나 환경에서 사람 한 명 한 명의 묘사로 들어가는 것이 좋다.

　　상상이라는 것이 단숨에 끝날 일처럼 들리지만, 마치 오랜 시간 명상을 하는 것과 같아서 의외로 쉽지 않다. 처음에는 그냥 멀리서 사진을 보듯이 희미하게 그려가다가 장면을 조금씩 구체화시키기를 추천한다. 상상이 현실처럼 느껴지는 순간부터 강한 확신과 안정감을 느낄 수 있다. 이렇게 하면 자신의 꿈이 언제쯤 현실로 실현될지에 대한 감을 잡을 수도 있다.

꿈을 실현하는 사람은
무엇이 다른가

희미한 목표는
점점 더 희미해진다

손바닥만한 잉어와
어린 아이만한 잉어를
결정하는 환경

우리는 일정한 장막을 가지고 세상을 살아가는 듯하다. 그 장막은 뭔가를 꿈꾸고 계획하고 상상할 때부터 이미 머릿속에서 걷어내지 못한 한계로 설정되어 있다. 강헌구의 《아들아 머뭇거리기에는 인생이 너무 짧다》라는 책에 보면 다음과 같은 구절이 나온다.

"오직 내가 도달하려는 높이까지만 나는 성장할 수 있다. 오직 내가 추구하는 거리까지만 나는 갈 수 있다. 오직 내가 살펴볼 수 있는 깊이까지만 나는 볼 수 있다. 오직 내가 꿈꾸는 정도까지만 나는 될 수 있다."

우리는 결코 자신의 생각 이상을 실현할 수 없다는 말이 있다. 우리가 무엇을 생각하느냐 또는 얼마만큼 상상하느냐에 따라 내가 경험할 수 있는 한계는 만들어져 있다는 의미다. 무엇을 이루거나 어떤 역경을 극복하는 문제에서도 모두 이런 생각이나 상상의 한계가 그 실현의 한계를 만드는 것은 당연해 보인다.

일본에는 코이라는 이름을 가진 비단잉어가 있다. 신기하게도 이 비단잉어는 어디에 사느냐에 따라 자라는 정도가 확연히 다르다. 강가에서 자랄 때는 90~120센티미터 정도까지 자란다. 그런데 이것을 수조에 넣고 관상용으로 키우면 15~25센티미터까지만 자란다고 한다. 만일 아주 작은 어항에 넣는다면 겨우 5~8센티미터 수준에 그치게 된다.

자신이 머무는 환경에 따라 성장의 최대치가 결정된다는 것이 마치 사람의 한계를 설명하는 것 같다. 사람도 자신의 상상과 생각이 얼마나 큰가에 따라 실제 행동할 가능성과 강도가 정해지기 때문이다.

비단잉어 코이가 자라는 환경과 사람이 스스로 믿는 상상의 한계는 같은 역할을 한다. 상상한다는 것은 자신이 직접 경험한 기억이나 다른 사람의 사례 또는 책 등에서 수용한 정보가 만들어낸 한계 속에서 이루어진다. 그래서 한계를 가지지 않고 상상하는 일은 쉽지 않다. 사람의 뇌는 상상과 현실을 구분하지 않는다고 하지만 상상한 것이 현실처럼 뇌에서 인식되려면 엄청나게 정교해야 한다. 실제 경험한 기억만큼 믿고 세밀하게 기억할 수 있어야 상상이 현실과 같이 인식된다.

애니메이션 제작자인 월트 디즈니*Walt Disney*는 디즈니랜드가 오픈하기 얼마 전에 세상을 뜨는 바람에 완공된 모습을 보지 못했다. 오픈식에서 사람들이 이에 대한 안타까움을 표현하자 그의 부인이 이렇게 말했다고 한다.

"그분은 이 자리에 계시지 않지만 이미 완성된 디즈니랜드를 보았고, 덕분에 우리가 이 자리에 있습니다."

디즈니랜드는 월트 디즈니의 완벽한 상상력이 만들어낸 결과물이었던 것이다.

마음속으로만 간직해온 상상을 현실로 이끌어주는 글쓰기

1973년 한 연구 결과가 발표되었다. 1953년도 예일 대학교 졸업생들을 대상으로 20년간 수행해온 연구였다. 당시 졸업하는 졸업생들에게 "당신은 글로 작성된 구체적인 목표가 있습니까"라고 물었다. 3퍼센트가 그렇다고 대답했고, 10퍼센트가 마음속에 목표가 분명히 있으나 글로 남기지는 않았다고 했다. 나머지 87퍼센트는 뚜렷한 비전과 목표가 아직 없다고 답했다.

　20년 후 그들을 추적해봤다. 글로 쓴 비전을 가지고 있었던 3퍼센트가 가진 재산의 합이 97퍼센트의 합보다 월등히 높았다. 그들은 이제 사회의 지도층으로 생활하고 있었다. 글로 쓴 비전이나 구체적인 비전을 가진 10퍼센트 졸업생들의 재산 역시 나머지 87퍼센트의 합보다 두 배 이상 많았다고 한다.

　글로 표현할 만큼이라면 목표에 대한 상상이 구체적이고 현실적이며 정확하다는 의미다. 그만큼 간절하다는 뜻이기도 하다. 글을 쓸 때 사람의 두뇌는 글을 읽을 때보다 세 배나 유기적으로 활동한다고 한다. 쓴다는 것은 자신이 집중하고 있는 것이 어디인지 뇌에게 정확히 인식시켜주는 셈이다.

　'적는다'는 것은 마음과 의식의 초점을 반복적으로 맞추는 행위다. 이 과정에서 불가능해 보이고 상상에 불과했던 일들이 점점 현실적으로 다가오게 된다. 그리고 그 상상에 맞춰 행동과 현실은 더 가깝게 다가온다. 이러한 경험을 통해 한 번도 만나보지 못했던 슈퍼 의식과 같은 자신의 힘을 만나게 될 수 있다.

인간은 자신의 기대에 행동을 맞추기 마련이다. 기대는 상상을 통해서 일어나고 구체적인 상상은 지속적 행동을 이끌어내서 현실로 우리에게 나타난다. 물리적 현실에서와 마찬가지로 우리 뇌를 운영하는 원리 중 최고의 법칙은 '지속적 반복'이다.

우리가 신념이라고 말하는 것은 결국 상상이 현실처럼 초점에 맞게 반복될 때 마음속에 자리를 잡아 현실을 만들어내는 것이다. 상상이 신념을 이끌 때 그 상상은 현실이 된다. 이것은 마음을 다지는 구호가 아니라 과학적인 마음의 체계며 기술이다. 이런 점에서 상상은 단순한 몽상과 구분된다.

여기서 멈춰야 할지
혼란스럽다면

물은
100도씨를
지나야 끓는다

누구나 변화를 꿈꾸지만, 변화나 성취에는 언제나 임계점이 요구된다. 임계점은 어떤 물질의 구조와 성질이 바뀔 때의 온도나 압력을 말한다. 물이 끓어서 수증기로 변하려면 임계점을 돌파할 수 있도록 온도를 높여야 한다. 이렇듯 변화를 위해서는 기본적으로 '노력의 시간'이 필요하다. 우리가 일상에서 간절히 바라는 것들은 저마다 변화의 시간을 요구한다.

우리는 단지 그 변화의 시간을 수용할 수 있는 끈기와 지혜만 있으면 원하는 것을 가질 수 있다. 하지만 그 시간을 바라보는 것이 지혜고 시간을 지킨다는 것이 용기며 회복력이다. 모든 결과는 이런 변화의 임계점을 통해서 만들어진다. 사람의 일에 의지, 끈기라고 말하지 않아도 임계점까지 노력해야 어떤 결과가 나타나는 것은 자연의 당연한 법칙이다.

우리는 시간을 바라보고 마음을 지킬 수 있는 힘이 있을 때 원하는 결과를 볼 수 있다. 임계점은 기다려야 오는 것이기도 하지만 분명히 끝을 확인할 수 있게 해준다. 끝없이 기다리는 것이 아니기에 그 시점을 읽어내는 지혜가 필요하다.

한·중·일 일대에서 주로 자생하는 대나무 가운데 최고는 '모죽'이라고 한다. 모죽은 씨를 뿌리고 5년 동안 아무리 물과 거름을 주고 보살펴도 싹이 나지 않는다. 하지만 5년쯤 지나고 죽은 게 아닌지 생각할 때쯤 순이 나기 시작하여 하루에 70센티미터씩 약 6주를 쉬지 않고 자란다. 순식간에 25~30미터의 거목으로 솟아오른 모죽의 위용은 대단하다.

5년이란 긴 세월 동안 자라지 않는 것에 대해 의문을 가진 학자들이 땅을 파보았다. 그런데 모죽의 뿌리가 땅속 사방으로 수십 미터나 뻗어 있었다. 긴 세월동안 엄청난 성장을 위해서 뿌리를 내딛으며 견고하게 내실을 다졌던 것이다. 물이 일정한 시간을 지나 100도씨의 임계점을 통과하면서 끓기 시

꿈을 실현하는 사람은 무엇이 다른가

작하는 것처럼, 모죽의 5년은 성장의 임계점을 위한 지혜의 시간인 셈이었다.

임계점은 변화를 위한 시간이고 몰입과 숙련의 시간이라고 할 수 있다. 그리고 변화의 저항을 읽고 그 저항을 길들이는 시간이라고 생각할 수 있다. 와인으로 유명한 프랑스의 어느 마을에서는 포도나무를 심을 때 일부러 척박한 땅에 심는다고 한다. 빨리 자라지 못하지만 땅속 깊이 뿌리를 내려 좋은 물을 흡수하기 때문에 건강하고 오염되지 않은 포도를 수확할 수 있어서다.

하루를 기다리지 못하고 떠나버린 광부

간절히 그 어떤 변화를 원하는 우리는 임계점과 관련하여 몇 가지 사실에 주목할 필요가 있다. 언제나 변화와 성취에는 임계점이란 시간이 요구된다. 그리고 우리는 때때로 한 발 떨어져나와 임계점으로 향할 때 직면하게 되는 '저항의 시간'을 지켜보아야 한다. 그리고 난 후 임계점의 끝을 확인할 수 있다.

보석을 캐는 광부가 있었다. 몇 년 동안 전 재산을 투자해서 광산을 개발하였지만 보석을 발견할 수는 없었다. 그래서 헐값에라도 젊은 광부에게 광산을 팔고 떠나게 되었다. 그런데 젊은 광부가 그 광산을 파기 시작한지 반나절 만에 엄청난 광맥을 발견하였다. 무한정 광산을 파고 있을 수 없는 노릇이기에 헐값에 광산을 처분한 늙은 광부의 판단은 현명할 수 있다. 하지만 이런 어이없는 상황이 발생한 것은 임계점까지 저항의 시간을 통해 몰입과 숙련의 시간을 보내지 않고 그저 열심히만 했기 때문이다. 우리에게는 시간을 지키는 지혜와 함께 임계점의 끝을 확인하는 지혜도 필요하다.

누군가는 그 임계점의 끝을 어떻게 확인할 수 있는지 묻는다. 어떤 기술적 해답을 원한다면 그것은 목표 지점의 달성이고, 그 목표 지점에서 반드시 사인이 있으며, 그 흔적을 확인하는 것이라고 하겠다. 구체적으로는 투자와 기대, 다시 재투자할 수 있는 현실적인 자본들일 것이다.

하지만 여기서 말하는 것은 지혜다. 미하이 칙센트미하이*Mihaly Csikszentmihalyi* 교수는 몰입*flow*의 조건을 여러 가지로 봤는데, 그중 하나가 피드백이었다. 내가 몰두하고 있을 때 그 일이 잘 되어가고 있는지 스스로 느낌이나 확신, 구체적인 사인을 느껴야 몰입이 가능하다는 것이다.

자신이 스스로 의미 있고 즐거움을 느끼며 몰입하는 일

이라면 그 임계점의 끝을 확인할 수 있다. 그래서 그만두어야 하는지 지속해야 하는지 확신할 수 있는 게 아닐까? 우리가 어떤 목표를 향해 달려갈 때 투자하고 반복된 신념의 시간, 임계점으로 달려가는 시간이 반드시 필요하며 그것을 확신하는 것이 목표를 달성하는 최고의 회복력이고 낙천성이 될 것이라 생각한다.

스스로
타오르는 사람

자연성 인간이란
스스로에게 동기를
부여할 수 있는 사람

척박한 삶에서도 열정적이고 의욕적인 삶을 사는 사람들을 살펴보면 공통점이 있다. 자신만의 가치와 의미를 가지고 덜 흔들리며 행동한다는 것이다. 그들이 지키고 있는 가치와 의미는 행동을 만들고 그 행동을 지속시키는 에너지가 되는 듯하다. 행동의 동기와 에너지는 그 행동을 해야 하는 이유가 분명할 때 만들어진다.

그리고 자신이 내부적으로 가치와 의미를 부여할 때 항상성과 지속성을 가진다. 자신의 행동에 열정적인 불을 지피

고 역경 속에서도 그 불을 키워가려면 스스로 부여하는 가치
와 의미가 있어야 한다. 즉 외부가 아니라 자신의 내부에서 피
어오르는 불길이 있어야 한다.

이나모리 가즈오는 스스로 탈 수 있는 '자연성自然性 인간'
을 강조했다. 다른 사람의 말이나 명령이 있어야 움직이는 것
이 아니라 스스로 행동하여 활활 타오를 수 있는 사람만이 일
에서 성공을 성취할 수 있음을 역설한 것이다.

스스로 탈 수 있는 가장 좋은 방법은 그 일을 좋아하는 것
이다. 그래서 자연성 인간은 자기 스스로 동기를 부여할 수 있
는 능력을 가진 사람들을 말한다. 아이들이 재미있어서 몰입
하는 놀이는 별 다른 목적을 가지지 않는다. 그 놀이 자체가
목적이고 보상이다. 하지만 놀이가 왜 즐겁고 좋을까? 자신의
생각과 감각 그리고 느낌에 집중하며 자신을 최대한 활용하
면서 발달하고 있기 때문이다. 스스로 확장하고 있다는 느낌
은 뇌 속에 보상회로가 자극되면서 만들어지는 것이다. 그러
니 아이들이 몰입하는 놀이도 분명한 이유와 의미를 가진 행
동이다.

다니엘 골먼은 감성지능에서 자기동기부여 능력을 강조
했다. 스스로 동기부여를 할 수 있는 사람에게는 자기인식과
자기조절 능력이 함께 요구된다. 자신에게 의미 있는 목표를

느끼고 그 목표를 위해 자신의 주의를 조절할 수 있을 때 스스로 동기부여가 된다는 것이다.

나의 가치,
내 삶의
가치

자신의 가치와 능력에 대해 확신하지 못하는 사람은 자신의 감각과 감정에 대한 인식과 조절 능력이 떨어진다. 이 모든 것이 외부가 아니라 자신에게서 발생하는 것이고 이것을 느낄 수 있어야 스스로 탈 수 있는 자연성의 인간이 가능하다.

현대인들이 많은 성취에도 공허한 것은 그 동기가 외부에서 비롯된 것이고 스스로 동기를 부여할 수 있는 의미와 가치를 만들어내는 데 익숙하지 않기 때문이다. 소설가 베르나르 베르베르*Bernard Werber*가 강연 'Who am I'에서 한 발언이 생각난다. 자신이 생각하는 가장 실패한 인생은 자기 자신이 아닌 다른 사람들만을 만족시키다가 끝나는 삶이라는 것이다. 참 무서운 이야기다.

누구나 예외 없이 바쁜 일상을 쫓아가다 보면 점점 내 가치와 의미를 따지기는커녕 그것을 느낀다는 자체가 사치나

비현실적인 일인 듯 받아들이게 된다. 현실을 달리는 관성 속에서 한 번도 물어보지 않았기 때문에 역시 한 번도 응답하지 못한 채 자신에게 기회를 주지 않는다. 10년, 20년, 30년… 죽음의 순간까지도 공허함이 친구가 되어갈지 모른다. 우리가 자신의 욕망을 위해서 사는 것, 자신의 동기를 만들어내는 것, 자신의 행동에 이유가 되는 의미와 가치를 만들어내는 것이 성취보다 먼저라는 뜻이다.

비극적 장소인 독일 나치의 아우슈비츠 수용소에서 살아남은 빅터 프랭클*Viktor Frankl*은 수용소에서 가장 마지막까지 살아남는 사람이 '살아야 할 의미와 가치를 지닌 사람들'이라고 증언했다. 그는 죽음을 통해 발견한 진실을 토대로 의미의 치료라 불리는 로고테라피*logotheraphy, 삶의 의미와 목적을 찾도록 해주는 심리치료*를 창안했다. 살아야 할 의미를 찾는 것, 그것은 인간 존재의 가장 강력한 자극이며 원동력임을 설명하고 있다.

자신의 행동과 존재의 이유를 알고 자신의 의미와 가치를 선택하는 인간이 바로 실존적 인간이다. 자신의 삶을 산다는 것은 자신의 욕구와 동기를 발견하고 만드는 것이다. 이는 곧 자신의 가치와 의미를 가지고 스스로 탈 수 있는 자연성 인간이 된다는 말과 같다.

가치와 의미는 태도와 신념을 넘어 인간을 행동하게 하

고, 몰입하게 하고, 지속하도록 한다. 무엇을 하건 내 존재의 가치와 의미, 내 행동의 가치와 의미에 대해 물으며 살았으면 좋겠다. 그것만으로도 현실을 달리는 우리에게 회복력과 치유의 공간 그리고 명분을 줄 수 있을 것 같다.

나의 가치와
의미를 부여하는 훈련

화려한 성공 뒤에
찾아오는
실존적 공허

많은 사람들이 흔히 말하는 성
공을 이루고도 공허함을 감추지
못하는 것은 자기 삶의 목적과
의미를 성공에서 찾지 못한 경우가 많기 때문이다. 공허함은
소외의 흔적이다. 공식화된 성공을 위해 무작정 달리는 속도
에 밀려 자신이 진정으로 원하는 가치와 의미가 무엇인지 생
각해보지 못했던 후회일 수도 있다.

빅터 프랭클은 삶의 목적을 잃어버리고 나서 자신이 무
엇을 지향하고 무엇을 해야 할지 알 수 없는 상태를 실존적 공

허*existential vacuum*라고 표현했다. 우리는 이때 무감각, 권태, 숙명론적 태도를 보이며 활력이 없고 타인의 삶을 맹목적으로 따르게 된다. 돈, 학벌, 지위, 권력 등으로 우리의 존재를 확인하려는 집단적 믿음을 향해 달리다 느끼는 후회가 공허함으로 나타난 것이다. 사람은 가치를 중심으로 모이고 흩어진다. 왜냐하면 자신이 추구하는 가치가 자신이 존재하고 살아 있는 이유이기 때문이다.

사람의 행동은 철저하게 자신이 추구하는 가치와 연결되어 있다. 사람들은 자신이 추구하는 가치를 기준으로 태도를 형성하고 그 태도를 중심으로 행동을 만들어낸다. 이렇게 가치와 의미는 사람들이 행동할 이유와 동기를 제공한다. 자신이 추구하는 가치와 의미 속에서 자신의 존재를 확인하고 존재의 당위성을 설명받으려 하기 때문이다.

그래서 사람들은 자신이 하는 일과 행동에서 가치를 찾고 의미를 부여하며, 더 몰입하고 의욕적으로 일하면서 만족한다. 이 과정은 자신의 영혼을 담아내는 여정이다. 의미를 부여하고 가치를 느끼는 일은 결과에 상관없이 그 자체로 보상이 된다. 자신이 의미 있고 좋아서 하는 행동은 몰입뿐만 아니라 어려움을 극복하고 끈기를 만들어준다. 그래서 우리가 이루려는 성공에는 반드시 자신의 가치와 의미가 부여되어야 한다.

꿈을 실현하는 사람은 무엇이 다른가

최고가 되거나
성공하지 못해도
즐거울 수 있는 사람

자신의 가치와 의미는 의식적 질서를 만들어 끈기 있게 몰입하도록 하고 갈등이나 방황과 같은 의식적 낭비를 줄이며 회복력을 높인다. 자신의 가치와 의미가 분명하다는 것은 나를 중심으로 세상이 펼쳐지는 것을 말한다. 주변에 쉽게 흔들리지 않는다. 이렇게 자신의 가치와 의미는 의식적 질서를 만들어 끈기 있게 몰입할 수 있도록 한다. 외부의 유혹과 흔들림 속에서 갈등하고 방황하는 의식적 낭비를 줄이는 방법이다.

역경을 극복하거나 원래의 상태로 되돌아올 수 있는 회복력을 높인다. 가치와 의미는 자신의 선택에 뚜렷한 기준과 원칙을 제공한다. 이때 세상은 더욱 명확하고 또렷하게 다가온다. 자신이 선택할 것과 선택하지 말아야 하는 것을 구분하기가 쉬워진다. 필요한 걱정인지 불필요한 낭비인지 잘 구분된다. 그리고 자신이 인정하고 받아들여야 하는 수용력이 커진다. 지혜로워지는 것이다.

힘든 역경을 이겨낸 사람들의 공통점은 자신이 행하는 일에 강한 의미와 목적성을 가지고 있다는 점이다. 이런 사람들은 자신이 가진 가치를 실현하는 과정에서 외부의 위협에 쉽게 방해받지 않는다. 타인의 가치에 떠 있는 부표가 아니라 외부의 흔들림에도 자신만의 기준이 있기 때문이다. 결과로 타인의 평가를 받는 것이 아니라 추구하는 과정에서 맛보는 의미와 가치가 더욱 중요하다. 자신이 의미 있고 좋아서 하는 일이라면 그 과정에서 맞이하는 실패에도 회복력과 수용력이 커지는 이유다.

자기행동의 가치와 의미를 부여하는 일은 내적 동기를 높이고, 스스로 동기를 부여하는 사람이 되도록 이끈다. 의욕적이면서 질서 있는 삶을 만들어간다. 자신이 좋아하고 원해서, 자신의 결정에 의해서 수행한 일은 결과가 썩 좋지 않아도 만족하고 행복해한다. 최고나 성공이 아니어도 과정에서 의미 있고 즐거울 수 있기 때문이다.

가치와 의미를 스스로 부여하는 것, 가치와 의미를 가진다는 것은 자신이 행위의 원인이 되고 스스로 결정하여 자신의 능력을 활용하는 것이다. 그 자체로 보상이 되기 때문에 결과에서 자유로울 수 있다. 이런 조건이 바로 자기결정감, 능력의 확장과 같은 내적 동기를 활성화시킨다.

내적 동기가 활성화될 때 우리는 만족과 행복감을 느끼도록 되어 있다. 만족과 행복의 열쇠는 자신의 행동에 가치와 의미를 찾는 것이다. 누군가가 주었기 때문에 찾는 것이 아니

라 자기 스스로 부여하는 것이다. 우리 삶의 여러 장면에서 열
심히 노력하고 훈련이 필요한 부분이다.

세상이 나를 위해
움직이도록

온 세상이
나의 간절한 소망을 위해
움직여준다면

꿈을 실현하는 사람은 무엇이 다른가

"당신이 무언가를 간절히 원할 때, 온 우주는 당신의 소망이 실현되도록 도와준다."

파울로 코엘료의 이 한 마디에 많은 사람은 감동과 용기를 얻는다. 온 우주가 나를 도와주는 삶이란 얼마나 용기 있고 든든할까? 하지만 여기서 시작과 끝은 모두 자기 자신이다. 우주를 움직이는 버튼은 곧 자기 자신인 것이다. 결국 자신이 그렇게 만든다고 할 수 있다. 그렇지 않으면 운명론이거나 요행일 것이다. 누구나 소망은 가지고 있지만 간절히 원한다는 것은 다르며 쉬운 일이 아니다.

　그렇다면 세상이 나를 위해 움직여주도록 하는 방법은 무엇일까? 간절함의 진정성은 지속성에 있다. 우리가 소망의 실현을 위해 지속적으로 행동할 때 그것은 의식적 영역이 아니라 습관적이고 무의식적인 영역으로 넘어갈 수 있다. 이는 우리의 감각과 감정의 깊숙한 곳에 지울 수 없이 새겨져 우리의 생명 유지와 같이 작동하게 된다.

　우리의 의식과 무의식에 새겨진 소망은 보고, 듣고, 생각하고, 선택하고, 행동하는 모든 것을 관장하고 그 소망으로 집중시킨다. 우리는 사실보다 기대와 믿음에 따라 지각하고 사실을 만들어가는 경향이 높은 존재다. 그 초점에서 세상과 만나고 조화를 이루려 노력한다.

　무엇인가를 지속적으로 추구한다는 것은 일상에서 쉽지 않다. 현재에서 요구되는 우선순위가 높은 일에 밀리기 쉽기 때문이다. 하지만 지속적으로 뭔가를 추구한다는 것은 우리에게 의식적 질서를 만들어 소망과 상관없는 온갖 잡음을 제거할 수 있도록 만들어준다. 우리 뇌의 신경세포는 오직 그 간절한 소망을 중심으로 반복되어 활성화된다.

　우리의 뇌를 가장 잘 활성화시키는 방법은 반복이다. 인간의 뇌가 일을 우선적으로 처리하는 기준은 두 가지다. 하나는 반복이고 나머지 하나는 정서적 충격이다. 뭔가가 반복될 때 우리 뇌는 그것이 참으로 중요한 것이라고 판단하고 모든 신경을 여기에 맞춰서 재정비하고 시스템화한다. 의식적 체계에 편입시키고 에너지를 적게 쓰면서 항상 일어날 수 있도록 무의식적 영역의 습관으로 자동화시키기도 한다.

성취를 완성하는
간절함과
지속성의 힘

아리스토텔레스는 "지금 우리는 반복적인 행동의 결과물이다. 따라서 탁월함은 행동이 아니라 습관이다"라고 했다. 그의 스승인 플라톤도 비슷한 이야기를 한다. "탁월함은 지속성이다." 이미 이들은 뇌과학적 속성을 통찰하고 있었던 것일까?

간절함의 진정성은 지속성 외에 생생한 상상으로도 알 수 있다. 우리는 때로 직접 경험한 것조차 잘 잊어버리지만, 현재의 삶에 강한 영향을 주는 경험은 생생하게 기억한다. 우리가 실제 경험하지 않은 미래를 경험한 것처럼 상상할 수 있다는 것은 간절함의 증거이고 하나의 표상이 된다.

그 간절함이 만든 표상 덕택에 우리는 오늘의 행동과 생각을 지속적으로 리드해나갈 수 있다. 누군가의 소망이 간절한가를 판단할 수 있는 방법은 언어와 표현 그리고 그 표현의 세밀한 정도를 보면 된다. 그래야 생생한 상상을 할 수 있고 현재 외부에서 요구되는 우선순위에 밀리지 않고 지속시켜나갈 수 있다. 세밀한 표현의 반복을 통해 간절함을 만들기도 한다.

우리의 기억과 망각에는 규칙이 있다. 감각에서 경험하는 모든 것을 기억할 수 없기 때문에 망각을 활용한다. 그렇지만 잘 기억되고 망각되지 않으며 끝까지 기억되는 것도 있다. 기억이 잘되고 오랫동안 지속되는 규칙은 이해하거나 의미가 부여된 것들이다. 자신만의 주관적 의미를 부여할 수 있기 때문에 누구보다 잘 이해할 수 있을 때 망각하지 않는 기억으로 존재한다.

그 기억은 우리의 주의와 의식을 형성하고 행동을 이끌고 다닌다. 이런 뇌과학적 관점을 보면 아무리 잘하는 사람이라도 좋아하고 즐기는 사람을 못 이긴다는 말은 너무도 당연한 것 같다. 스스로 의미를 부여한 간절한 소망은 반복되고 다듬어져 실제 경험 이상의 생생한 상상을 이끌어낼 수 있다. 그러니 생생한 상상은 단순히 상상을 의미하는 것이 아니다. 그만큼 간절히 생각하고 다듬고 현실과 조화를 이루는 물리적 시간을 요구한다. 그러니 생생한 상상이 가능하게 하는 조건도 지속성과 연결되어 있음을 알 수 있다.

오랫동안 꿈을 좇을 때 우연을 가장한 필연이 행운의 이름으로 찾아온다

온 세상이 나를 도와주도록 하는 방법을 생각해보자. 중요한 것은 지속 가능한 소망을 가지는 것이다. 진정으로 자신이 좋아하고 원하는 목표여야 지속해서 추구할 수 있다. 일시적인 욕구나 당장의 형편, 그저 좋다는 남의 말에 휘둘려 가진 소망으로는 어려울 듯하다. 소망을 이루는 데 있어 능력과 행운은 그 다음이 아닐까? 능력은 지속성에 따라 확장될 것이고, 행운도 생생한 소망을 꾸준히 실행하는 과정에서 시기와 장소, 사람이 씨줄과 날줄로 만나서 만들어지지 않을까?

어떤 소망을 가지는지, 어떤 것을 간절히 원하고 좋아하는지는 모두 달라도 그것을 이루는 방식은 결국 같다. 온 우주가 나를 도와주도록 만들고 세상이 날 위해 움직이도록 만드는 비법은 바로 자신에게 있다.

미국 최고의 실업철학자로 불리는 짐 론*Jim Rohn*의 말처럼 능력은 꿈에 어울리게 성장하기 마련이다. 필요에 따라 시간이 좀 더 걸리고 덜 걸리는 차이가 있을 뿐이다. 그래서 프랑스의 작가이자 정치가인 앙드레 말로*Andre Malraux*는 이렇게 말했다.

"오랫동안 꿈을 그리는 사람은 마침내 그 꿈을 닮아간다."

지속적이고 생생한 소망이 자신의 오늘을 의심 없이 리드해나갈 때 점점 세상은 자신을 위해 움직이고 있음을 스스로 느낄 수 있을 것이다. 이것은 언어적 유희가 아니라 물리적 사실이고 진실이다.

약점을 메우는 것과
강점을 살리는 것

대량생산의
시대에는
강점도 표준화된다

아이러니하게도 우리는 단점이나 약점에는 민감하게 반응하며 그것에 대해 잘 알고 있지만 강점이나 장점에 대해서는 잘 모르고 있는 경우가 많다. 강점을 찾아야 하는 필요성을 느끼지 못하거나 당연히 잘 안다고 생각하는 경우가 대부분이다.

하지만 막상 자신의 강점과 약점을 적어 보라고 하면 약점은 많이 적지만 강점은 다섯 개도 잘 적지 못하며 의아해하는 경우가 많다. 반면 자신의 약점과 단점을 찾아 어떻게 보완

해줄 것인가에 대해서는 쉽게 흥미를 갖는 것 같다. 이런 경향은 효율적이지도 합리적인지도 않은 문화적 경향이다.

인간이 진화하고 발전하면서 자신의 약점을 찾아 보완하는 일은 생존과 직결된 경우가 많다. 그래서 생존을 위해 부정적 정보에 민감하고 자신의 약점을 찾아 극복하려는 편향적 경향은 당연하다고 볼 수 있다. 생존을 위해서라면 약점과 단점의 보완이 효율적일 것이다.

하지만 번영을 위해서라면 자신의 강점과 장점이 훨씬 효율적이다. 강점과 장점은 자신이 잘 인식하든 못하든 이미 만들어져 있는 것들이다. 우리의 뇌는 생후 2년까지 엄청난 양의 신경세포 연결^{시냅스}이 일어난다. 기존 시냅스 수의 10배 이상으로 증가하다가 불필요한 시냅스의 연결을 제거하면서 성장을 거친다. 이렇게 강점이라고 하는 것은 어릴 때 만들어진 시냅스들의 고속도로망이라고도 할 수 있다.

그래서 강점은 상대적으로 학습의 속도가 빠르고 친숙하며 기대감과 활력이 생긴다. 뇌의 시냅스 연결망이 활성화되기 때문이다. 그러니 자신의 다른 기능보다 효율적일 수밖에 없다. 하지만 우리 사회는 약점을 찾아 메우기 바빠서 이런 강점을 활용할 기회를 주지 않는다. 급기야 자신의 강점을 보는 눈은 맹점이나 맹인이 되어버린다. 왜 그렇게 되었을까?

산업사회가 만들어지면서 도시가 생겨나고 일정한 시설의 공장에서 사람들이 모여 작업하면서 자신을 바라보는 많은 관점들이 변했다. 자신보다 타인을 의식하고 타인을 통해 자신을 평가하고 인정하는 것이 일상적이게 되었다. 표준화를 통해 대량생산이 실현되면서 그 표준에 잘 맞는 것은 강점으로 인정받아 번성하고 그렇지 못한 요소는 약점으로 인식되어 표준에 맞추도록 강요받아야 했다.

심지어 그 표준에 합당한 것은 선善이며 합리성이 되어버렸다. 개인이 가지고 있는 서로 다른 뇌구조에서 만들어지는 강점은 그리 중요하지 않게 된 것이다. 교육도 개인의 강점과 장점을 발견하고 키우기보다는 약점을 찾아 효율적으로 대처하기 위해서 경쟁을 강화했다. 경쟁은 표준일 때 효과적인 시스템이다. 이런 과정을 통해 우리는 당연히 가지고 있는 개인별 강점에 무능한 존재가 되어버린 것은 아닐까?

강점의 돛을 달고
타인이라는
순풍을 맞으며

우리의 뇌는 현재 활성화되어 있는 것을 중심으로 주의가 움직인다. 같은 것을 보아도 우리의 주의가 의식하는 것만 보고, 의식하지 못한 것은 보아도 인식하지 못한다. 그래서 기억에도 남지 않는다. 약점에 주의를 집중하기 때문에 당연히 가지고 있는 강점에 취약한 것인지 모른다. 다양성의 시대에 개인의 강점으로 번영의 꽃을 피워야 할 때도 우리는 아직 약점을 보완하는 생존적 메커니즘을 벗어나지 못하고 있다. 그래서 매일매일 치열하고 힘겨울 수밖에 없다. 마치 이것이 미덕인 것처럼 말이다.

강점의 채널과 약점의 채널을 개인의 인생이란 관점에서 보면 엄청나게 다른 출발선을 가지고 있다. 자신을 바라보는 자아관이나 자기존중감이 다르다. 자신의 강점에 능한 사람은 어쩔 수 없이 자기존중감이 높다. 자신의 강점을 통해 자신감을 가진 사람은 일부분 모자란 약점이 있어도 자신의 가치를 쉽게 의심하지 않는다. 자신의 강점을 보는 데 능한 눈은 타인의 강점과 장점을 보는 데도 능하다. 강점과 약점의 정보가 함께 올 때도 자연스럽게 강점과 장점이 먼저 인식되기 때문이다. 타인에게 매력을 느끼고 타인을 존중할 이유가 경쟁보다는 자연스럽게 커지게 되어 있다. 자신의 강점이 있지만 약점과 단점도 있기 때문에 이를 함께 메워줄 수 있는 사람이 필요함을 자연스럽게 수용한다. 자신의 강점을 배의 돛이라고 한다면 타인을 순풍으로 인식한다는 의미다.

강점 찾기 프로그램을 하면 여태 자신이 만족하고 즐거
웠던 순간들이 자신의 강점에서 비롯되었다는 사실을 느끼고
감격하기도 한다. 우리가 느끼는 긍정적 정서는 자신의 약점
을 극복했을 때보다는 자신의 강점을 발휘했을 때 경험하는
경우가 많다. 그리고 그 정서적 경험의 지속성도 강점을 활용
하고 확인했을 때 더 장기적으로 강화된다. 사람은 모두 다르
다. 뇌가 다르고 살아온 환경에서 주도적으로 반복되고 길들
여진 것들이 다르다.

그래서 다른 강점을 가지기 마련이다. 나의 강점은 누군
가의 약점이 될 수 있다. 그래서 우리는 함께 존중하며 퍼즐
을 맞출 필요가 있는 존재들이다. 우리의 주의가 어떤 채널
을 가지고 있느냐에 따라 우리가 경험하는 번영과 행복의 양
은 분명히 다르다. 보다 효과적으로 실현하는 삶, 일과 생활
의 균형이 있는 삶, 자신과 타인을 존중하는 삶, 보다 다양하
고 창조적인 삶을 사는 비결은 자신의 강점과 장점을 중심으
로 주의를 돌리는 것이다.

꿈을 실현하는 사람은 무엇이 다른가

음미하고 몰입하는 삶은 일상의 회복력을 높인다. 그런데 여기에 자양분의 역할을 하는 것은 긍정성이다. 우리가 퍽퍽한 일상 속에서도 긍정적이고 회복력 높은 삶을 살아나갈 수 있기 위해서는 음미와 몰입의 시간이 필요하다. 음미, 몰입, 회복력, 긍정은 마음의 질서를 유지하고 자신이 삶의 주인으로 거듭나는 기회를 늘려준다.

■ 주의의 조절, 명상

몰입, 긍정, 음미는 공통적으로 주의 조절이라는 능력을 요구한다. 우리의 관심, 즉 주의가 분산되거나 외부의 자극에 의해 흔들리고 있으면 평온한 마음과 의식적 질서를 유지하기 힘들어진다. 다양한 명상의 공통점은 주의 조절 훈련이라는 것이다. 하루에 평안한 시간을 정하고 일정한 장소에서 5분, 10분, 15분 등 잠시동안 명상한다. 간단하게 요약하여 방법을 설명하면 다음과 같다.

① 편안하게 허리를 펴고 앉아 어깨에 힘을 뺀다.

② 혀는 입천장에 가볍게 붙이고 눈을 지긋이 감는다.

③ 3회 정도 숨을 깊게 들이마셨다가 길고 천천히 내뱉는다. 이제 편안하게 숨을 쉬고 있는 자신을 살핀다.

④ 숨을 쉬는 동안 숨을 쉬고 있음을 가장 잘 인식할 수 있는 곳을 정한다. 지정한 곳에 주의를 집중하여 편안하게 숨을 쉬는 것을 관찰한다. 보통 숨을 쉬면서 코끝이나 복부의 움직임을 관찰하는 경우가 많다.

⑤ 어떤 생각이 떠오르면 그 생각을 따라가거나 판단하지 말고 지정한 곳으로 주의를 돌린다. 중요한 것은 어떤 판단도 하지 않고 주의를 현재의 호흡과 감각의 관찰에 두는 것이다.

⑥ 의도하지 않게 생각이 피어오르면 '잡념'이라고 명명하고 중심으로 되돌아오면 된다.

⑦ 명상을 마칠 때는 주먹을 쥐었다 펴기를 반복하고 얼굴을 부비며 정리한다. 그리고 평안한 마음을 음미한다.

호흡을 편안하게 조절하면 뇌파와 심장의 파동 역시 편안하게 유지된다. 하루에 잠시라도 이러한 시간을 자주 만드는 것은 마음의 안정을 익숙하게 만드는 좋은 방법이다. 주변을 있는 그대로 감상하거나 음미하고 감사를 표하는 것은 그 자체로 주의를 집중하고 마음을 즐겁게 만드는 방법이다. 잠시라도 음악 감상이나 연주 등으로 몰입의 시간을 패턴화시키는 것도 좋다.

Class VIII

바람 앞에서
흔들리지 않을 지혜

나는 나를
통제할 수 있는가

세상의 절반을
보지 못하는
사람들

몰입을 연구하면서 일상에서 지나치며 살았던 주의에 대해 생각하게 되었다. 숨 쉬는 것을 잘 인식하지 못했던 것처럼, 집중하라는 이야기는 많이 들어도 내 주의에 대해 생각해본 적은 많지 않았다. 많은 연구들에서 공통적으로 말하고 있는 것 중 하나는 우리의 주의를 한 곳에 몰입하면 즐거움, 만족감, 행복감을 느낄 수 있다는 사실이다. 우리가 주관적 행복감을 느끼는 데 주의력이 하나의 자원으로 기여하고 있음을 알 수 있는 대목이다. 이는 '의식적 질서'

편측무시 환자의 그림

가 선사하는 선물인 셈이다.

우리가 우리 삶을 위해서 알아야 할 주의력과 관련된 핵심적인 정보는 주의가 할당되지 않으면 기억과 의식도 존재하지 않는다는 것이다. 그래서 주의를 집중하고 조절하는 능력은 행복과 일의 성과에 결정적인 역할을 한다. 편측무시 *unilateral neglect* 환자들은 눈이나 시신경에 이상이 있는 것이 아닌데도 정상적인 물체를 보고 그림을 그릴 때 한쪽 면만 그린다. 제대로 정확하게 그렸냐고 다시 물어보면 그렇다고 답한다. 이들은 시각적으로 정상이지만 보이지 않는 쪽에 주의를 할당할 수 없기 때문에 문제를 인식하지 못하는 것이다.

주의를 기울인다는 것은 우리 앞에 밀려들어오는 수많은 정보 중에서 중요한 정보를 선택한다는 의미다. 목표로 하는 곳에 주의를 집중시킨다는 말은 목표 이외의 자극을 무시할 수 있는 능력을 의미한다.

현대 심리학의 아버지라고 불리는 윌리엄 제임스*William James*가 말했듯이 주의는 어떤 것을 효과적으로 다루기 위해서 어떤 것을 물러나게 하는 것이다. 주의는 선택하는 것이고, 같은 말로 버린다는 의미다. 우리의 뇌는 일정한 순간에 처리할 수 있는 처리 용량이 한정되어 있기 때문에 모든 곳에 주의를 기울이지 못하고 선택적으로 인식한다. 우리 뇌가 한계를 극복하고 효율성을 높이기 위해서 선택적으로 수용하고 인식하는 것이다.

사람들이 똑같은 상황에서 똑같은 정보를 보더라도 자신과 관련 있는 것만 선택적으로 인식하고 그렇지 못한 것은 인식하지 못한다. 우리가 뭔가를 인식할 수 있다는 것은 기본적으로 수많은 자극 속에서 주의가 할당된 자극, 즉 선택된 자극만 수용한다는 의미다.

이런 이유로 우리가 학습을 할 때 주의를 집중하고 유지할 수 있는 능력이 기초가 되고 중요해지는 것은 당연한 사실이다. 주의를 집중하지 못한다는 말은 주의가 할당되지 못한다는 의미다. 이때 우리는 존재하지만 아무것도 인식하지도 기억하지도 못한다.

바람 앞에서 흔들리지 않을 지혜

두 눈으로 보고도
뇌에서 인식하지 못한
고릴라

주의를 두지 못하는 것은 기억에도 남지 않는다. 기억이 없다는 것은 보고 있어도 우리의 주의가 할당되지 않았다는 것이다. 기억이 없으면 당연히 의식은 존재하지 않는다. 학습과 기억 그리고 이를 통한 성장과 발전이 모두 한정된 주의를 어떻게 활용하느냐에 달려 있다고 설명될 수 있다. 한정된 주의로 최대의 효율성을 기하기 위해서 실제 우리의 뇌는 전두엽과 두정엽_{시각이나 청각적 정보 등을 다루는 뇌의 한 영역} 회로에서 관심 있는 정보를 가려내고 덜 중요한 정보는 지워버리기까지 한다.

이제는 일반인들에게도 많이 유명해진 고릴라 실험이라는 것이 있다. 무대에 흰옷을 입은 여자 세 명과 검은 옷을 입은 여자 세 명이 서로 공을 주고받도록 한다. 그리고 그것을 지켜보는 사람들에게 흰 옷을 입은 여자들이 공을 몇 번 패스하는지 세어보라고 한다. 사람들이 공을 패스하는 것을 세는 동안 사람들 사이로 고릴라가 지나가고 뒤의 커튼 색깔이 바뀌고 심지어 공을 패스하던 검은 옷을 입은 여자 한 명이 빠져나간다. 하지만 흰옷을 입은 여자들이 공을 몇 번 패스하는지에 집중하던 사람들은 눈앞에서 이런 광경을 정확히 보고도 인식하지 못한다. 두 눈을 부릅뜨고 이 영상을 보는 사람들은 허탈함을 감추지 못한다.

우리의 주의는 흰옷 입은 사람들이 공을 패스하는 곳에 할당되어 있었기 때문에 다른 것은 전혀 보지 못한 것이다. 정확하게 말하면 감각기관이 못 본 것이 아니라 인식하지 못했다고 할 수 있다. 주의가 가지 못하거나 주의가 유지되지 못하면 보고도 인식되지 못하니 존재하지 않는 것과 같다. 우리의 기억과 경험이 바로 이런 주의에 의해 결정된다.

주의는 관리되지 않으면 반응적이고 습관적으로 작동한다. 관리되지 않으면 자연스럽게 더 큰 자극으로 주의가 쏠리고 기존의 방식대로 주의가 흐르고 방황한다. 우리의 근육처럼 주의의 근력이 발달되어 있지 않으면 외부의 더 큰 자극으로 주의가 쏠려서 다시 목표한 곳으로 되돌아오지 못한다. 수업을 듣거나 책을 읽다가 휴대폰의 자극으로 생각이 흐르는 것이다. 그리고 다시 되돌아오지 못한다.

이런 주의의 흐름이 습관적이게 되면 자신의 원하는 목표에 집중하고 그 집중을 유지한다는 것이 무척 힘든 일이 된다. 이렇게 되면 바쁜데 마무리되는 일이 없거나 일을 수행하는 효율성이 떨어지게 된다. 목표로 한 곳에 주의를 집중하고 유지하는 주의력의 근력은 빈번한 집중을 통해 길러진다.

우리의 집중에는 능동적 집중과 수동적 집중 두 가지가 있다. 능동적 집중은 자신의 목표와 의도에 따라 주의를 할당하는 집중을 말하고 수동적 주의는 자극에 의해 반응적으로 집중하는 것으로 게임에 집중하는 것을 말한다. 우리에게 필요한 것은 목표지향적인 능동적 집중이다. 이 능동적 집중이 우리가 주의를 관리하고 조절하는 근력을 키우는 것이다.

자기결정권이란 결국 주의의 통제

주의가 가는 곳에는 에너지가 흐른다. 그리고 그곳에 사건과 경험이 존재한다. 그러니 반복된 주의의 결과가 오늘의 자신이 되는 것은 당연하다. 오늘의 우리는 자신의 주의가 반복된 결과인 셈이다. 부정적이든 긍정적이든 우리가 주의를 어디에 많이 수혈했느냐에 따라 부정적이고 긍정적인 사람으로 만들어진다고도 볼 수 있다.

반복된 주의의 습관이 곧 내가 어떤 사람인가를 설명하게 된다. 자기 주의의 주인이 되지 못하고 주변의 영향력에 주의가 분산되어 있을 때 우리는 자신을 잘 알지 못한다. 주의를 통제하고 조절하는 능력과 힘도 없어진다. 자신이 스스로의 주의를 선택하고 조절한다는 것은 자기결정권을 가지고 있다는 것이다.

이때 우리는 내적인 동기가 높아지고 더욱 활력 있고 행복감을 느낄 수 있다. 자신이 원하는 것에 지속적으로 자신의 주의를 조절하는 것은 자신이 원하는 삶을 사는 데 무척 중요한 역할을 한다. 한정된 주의를 분산키지 않고 자기 주의의 주인이 되는 것은 원하는 삶과 행복을 위해서 가장 기본적이면서도 우선순위가 높은 일이라고 하겠다.

바람 앞에서 흔들리지 않을 지혜

삶의 역경에 맞서는
강력한 회복력

충동적인
반응에서 벗어나
목표에 집중하는 능력

《하버드 마음 강좌*Organize Your Mind, Organize Your Life*》라는 책은 흐트러진 마음에 질서를 세워주는 마음 관리 법칙으로 여섯 가지를 제시하고 있다. ① 격앙된 감정을 다스리기, ② 주의력 유지, ③ 멈추어야 할 때 제동을 거는 충동조절, ④ 작업 기억의 향상, ⑤ 유연하게 주의의 전환, ⑥ 통합적 실행이 그것이다. 이것이 온전히 집중하기 힘든 산만함의 시대에 삶의 질서를 유지하고 자신을 성공으로 이끄는 마음 관리법이라고 설명하고 있다.

근본적으로 해석해보면 주로 인간의 주의력에 관한 것이지만 작업기억의 능력이 그 중심에 있다. 언뜻 보면 질서 있는 삶, 마음 관리에 작업기억의 능력이 들어가 있는 것은 이상하게 보인다. 하지만 조금만 더 살펴보면 작업기억 능력을 발달시킨다는 것이 합리적인 인지와 판단뿐만 아니라 성격이라고 치부되는 마음과 심리적 평화를 위해서도 중요함을 알 수 있다. 물론 이런 능력은 역경에 대한 회복력 및 사람의 인성과도 관련이 깊다.

작업기억은 인간의 이해력, 학습능력, 추론과 조절력의 개인차를 설명한다. 작업기억은 인간이 인식하고 계획하고 판단하는 의식적 활동의 대부분에 활용된다. 우리가 파티를 준비한다고 해보자. 초대한 사람을 떠올리고 식탁의 배치와 장식, 음식을 예상하면서 메뉴와 식재료를 준비할 것이다. 이때 필요한 모든 정보의 기억들이 작업기억에 의해 움직인다. 먼저 파티라는 것에 주의를 집중하고 이와 관련된 사람과 사물들의 기억을 떠올린다.

주의를 집중시킨 상태에서 떠올린 기억을 목적에 맞게 비교, 계획, 예측할 수 있는 것은 작업기억이 있기 때문에 가능하다. 단순히 저장되는 기억이 아니라 합리적이고 효율적인 의식활동을 원활히 수행하기 위해서 활용되는 작업장 같은 역할을 담당한다. 그래서 작업기억은 정보를 기억하고 관리할 수 있는 능력, 주의가 조절된 상태에서 머릿속으로 시뮬레이션 할 수 있는 능력이라고 할 수 있다. 많은 연구들에 의하면 작업기억은 인간의 이해력, 학습능력, 추론과 조절력에 있어 개인차를 설명하는 중요한 요인으로 언급되고 있다.

작업기억은 특정 대상에 주의를 집중하고, 기억하고, 연관된 기억을 떠올린다. 그리고 그런 기억들의 내용을 분석, 검토, 평가 또는 비교하여 머릿속으로 계획하고 행동할 수 있는 능력을 제공한다. 작업기억이 발달되지 못하면 주의를 집중하지 못할 뿐 아니라 적합한 기억을 떠올려 다각적으로 생각하고 시뮬레이션 할 수 없게 된다. 바둑에서 상대는 모르게 여러 가지 수를 고려하며 판을 만들어가는 것을 상상하면 좋겠다. 그래서 작업기억이 잘 발달된 사람은 자신의 주의력을 조절할 수 있는 능력이 뛰어나다.

원하는 것에 집중하고 그렇지 않은 소음을 잘 제거할 수 있는 능력을 갖추는 것. 이런 이유로 인간은 충동적이고 반응적인 것에서 벗어나 목표 지향적으로 스스로를 조절하고 동기부여하며 상황에 적절하게 대응할 수 있는 효율성과 현명함을 지니게 된다.

내가 하는 일마다
전부 꼬인다는
생각이 든다면

작업기억이 잘 작동된다는 것은 주의와 기억의 상호작용이 원활하다는 것이다. 사실 위에서 설명한 작업기억의 활동에는 뇌의 여러 영역이 관여하지만 특히 주의력을 관장하는 뇌와 기억을 관장하는 뇌가 잘 상호작용되어야 한다. 주의력과 기억 사이에 일종의 연결통로가 잘 소통하고 있어야 한다는 의미다.

주의력과 기억의 네트워크가 원활하면 우리는 체계적으로 생각하고 예측하여 사고의 질을 향상시킬 수 있다. 그렇지 않으면 주의가 이리저리 분산되고 안절부절 못할 뿐 아니라 금방 했던 일이나 하려는 일을 잊어버리고 우왕좌왕 하는 경우가 많아진다.

목수가 집을 짓기 위해서 현재 하고 있는 작업에 적합한 도구를 받아야 하는데 맞지 않는 도구를 들고 이랬다저랬다 하는 것과 같다. 이때 의식이 분산될 뿐만 아니라 작은 일이 꼬이고 꼬여서 "나는 왜 이리 계속 일이 꼬이고 복잡해질까?"라고 하소연하며 스스로 책망하는 일이 많아질 수 있다. 의식의 질서가 깨지고 마음의 평화도 깨지게 된다.

우리 뇌에서 작업기억을 주로 담당하는 부분은 배외측전

바람 앞에서 흔들리지 않을 지혜

전두엽이라는 곳이다. 여기는 주의를 집중하고 계획과 실행, 목표지향적 활동이나 시뮬레이션을 담당하는 곳이다. 그리고 충동조절과 중독을 방지하는 조절 활동이 이루어진다. 그러니 작업기억의 능력은 뭔가를 잘 이해하고 인지와 관련 있을 뿐만 아니라 충동 등 자기조절력과 연결되어 있다.

삶에서 역경의 상황에 대한 회복력과 인성과도 관련이 깊게 느껴진다. 다이어트, 담배, 화, 술 등을 멀리하는 것은 자기조절이 필요한 부분이다. 자기행동의 집행을 통제하는 것을 집행통제^{executive control}라고 한다. 충동을 이기지 못하는 것은 이런 집행통제가 제대로 이루어지지 않는 것이다. 이때 활용되는 주의가 집행주의^{executive attention}다. 이는 자신의 주의를 목표한 곳에 집중하고 필요에 따라 분산시키고, 자극에 의해 반응했다가 목표로 되돌리고, 집중한 것을 유지하는 주의다. 바로 작업기억이 요구되고 전전두엽에서 이루어진다. 이것이 잘되면 집행통제가 원활하다는 의미로 해석할 수 있다. 다시 말하면 작업기억은 집행통제와 관련되어 있다.

네덜란드 마스트리히트 대학교 카트레인 하우번^{Katrijin Houben} 교수와 동료들은 작업기억을 강화하면 충동 억제가 잘 되는지 알아보는 실험을 했다. 일주일에 서른 잔 이상의 술을 마셔야 하는 술고래들을 대상으로 '단어 거꾸로 말하기' 같은 훈련을 시켰더니 작업기억 과제를 점점 잘 수행하게 되었다. 그리고 이들은 이전보다 술을 열 잔 정도 덜 마시며 충동의 욕망을 줄여나가는 것을 확인할 수 있었다. 작업기억의 개선은 개인의 통제력을 개선해나갈 수 있음을 설명하는 사례다. 이쯤 되면《하버드 마음 강좌》에서 삶의 질서를 위해 작업기억의 능력을 향상시키라고 주장하는 이유를 알 수 있다.

세로토닌과 도파민이 만드는 긍정적 정서

기억과 주의의 조절에는 도파민이 '갑'이다. 그래서 작업기억의 향상에도 도파민이 필요하다. 작업기억을 사용하면 도파민과 세로토닌의 양도 늘어난다. 작업기억의 활용은 긍정과 행복을 유발하는가? 작업기억의 능력을 성공적으로 발휘할 수 있도록 하려면 도파민이 필요하다. 도파민이 에너지 공급원이라고 볼 수 있다. 도파민이 가장 활발하게 작용되고 수용체가 가장 많이 몰려 있는 곳이 전전두엽이다. 도파민의 활성이 낮은 아이들은 깜빡 잘 잊고 뭔가를 잃어버리고 덤벙된다. 뭔가를 하고 있다가 새로운 과제나 자극을 주면 앞에서 했던 것을 금방 잊어버린다.

이런 행동은 도파민이 낮은 사람들이 작업기억을 제대로 활용하지 못해서 나오는 행동 패턴들이다. 도파민을 활성화 해주는 방법도 작업기억의 효율적 활용을 위해서 좋다. 작업기억은 주의를 목표한 곳에 집중시키고 기억을 연결 짓고 분석하는 일을 한다. 그래서 주의력의 조절이 절대적으로 요구된다.

그런데 도파민이 부족하면 당연히 이런 주의력의 조절이 힘들어 산만하고 충동적이게 된다. 그러니 도파민, 전전두엽, 작업기억은 연결되어 있다고 볼 수 있다. 이런 연결고리가 잘 발달되어 있다면 사람은 그렇지 않은 경우보다 불필요한 갈등과 의식적 낭비를 줄이고 안정되고 질서 있는 삶을 살 수 있다. 이뿐만 아니라 주의를 집중시키고, 목표 지향적이고, 미래를 시뮬레이션해서 정확하게 예측하고 결정하는 일이 원활해진다. 계획하고 예측하고 실행하면서 목표에 맞게 스스로를 조절하고 동기유발하는 일도 잘 되니 인성과 일의 성과도 긍정적일 수밖에 없다.

작업기억의 활용은 도파민과 세로토닌의 양을 높인다는 연구 결과도 있다. 캘리포니아 대학교 버클리 캠퍼스의 로샨 쿨스*Roshan Cools*와 동료들이 함께한 연구 결과에 의하면 작업기억 점수가 높은 사람은 도파민을 더 많이 생산하고, 작업기억

점수가 낮은 사람은 적게 생산한다고 한다. 그리고 독일 하인리히하이네 대학교의 뤼디거 그란트[Ruediger Grandt]와 그 동료들의 연구를 보면 작업기억이 필요한 과제를 수행할 때는 세로토닌 분비가 증가했다고 한다. 작업기억을 사용하지 않는 과제를 수행할 때는 세로토닌 분비와 상관성을 보이지 않았다. 도파민과 세로토닌은 즐거움, 활력, 만족, 행복감과 같은 긍정적인 정서를 유발한다. 위와 같은 연구 결과를 통해 인간이 뭔가 중요하고 고차원적인 일을 수행할 때 잡음 요소를 제거하고 최적의 환경을 만들기 위해서 자연스럽게 컨디션이 조율되는 것이 아닌가 추측해볼 수 있다.

바람 앞에서 흔들리지 않을 지혜

작업기억은 훈련을 통해서 향상시킬 수 있다

삶의 질서를 위해서, 보다 행복한 삶을 위해서 가장 근본적으로 작업기억 능력을 향상시킬 필요가 있다. 작업기억은 훈련을 통해서 효과적으로 향상시킬 수 있다. 일본 연구진의 연구에 의하면 작업기억에 관여하는 뇌의 백질은 투입량에 따라 긍정적인 효과가 있다는 증거를 발견했다. 많이 쓸수록 발달한다는 의미다. 뇌의 백질은 활성화된 정보를 전달하는 역할을 한다. 많이 활용해서 작업기억을 활용하는 빈도와 양이 늘어나면 그 통로가 확대된다. 훈련을 통해 2차선에서 4차선으로, 달리지 않던 길에서 차량통행이 많은 도로로 바뀔 수 있다.

3~5개의 글자로 이뤄진 단어를 불러주고 이를 거꾸로 읽는 놀이, 여행의 목적을 만들고 계획하는 활동, 다양한 관점의 반대 토론 등이 작업기억의 능력을 향상시킬 수 있다. 《하버드 마음 강좌》에서는 아래와 같은 활동을 추천하는데 설명을 덧붙여보면 다음과 같다.

1) 기억과 주의력을 위해서 일단 잠을 잘 자야 한다.
2) 학습하고 새로운 지식을 연결하여 뇌를 자극한다. 꾸준한 독서도 좋다.
3) 토론을 하면서 집중하고 그에 대한 반론의 시나리오를 짜는 연습을 한다.
4) 다양한 감각을 이용하는 학습을 한다. 학습을 하면서 소리 내어 읽고 손으로 쓰는 활동도 좋다.
5) 규칙적인 운동을 한다. 신체 활동과 해마의 크기, 기억력, 뇌건강은 언제나 중요한 상관관계에 있다.

작업기억의 발달은 우리에게 의식적 질서와 삶의 질을 향상시킬 수 있는 마음의 평화를 제공하기 때문에 의미가 더욱 크다. 학문적인 내용은 복잡하다고 해도 주의를 집중하거나 목표를 가지고 주의를 조절하는 것이 가장 기본적인 사항이다. 곰곰이 생각하고 성찰하거나 목표를 중심으로 하여 전체적으로 계획하고 점검하는 일이 중요하다. 거꾸로 주의를 집중하고 삶을 성찰하면서 의미와 가치를 가지고 목표 중심으로 생활하는 것은 작업기억을 향상시킨다고 유추할 수 있다.

바람 앞에서 흔들리지 않을 지혜

인간의 머리에는
'파충류의 뇌'가 있다

배고픔과 피곤함 같은
신체적 감각을
무시하는 생활

우리의 뇌는 크게 세 부분으로
구분된다. 신경계를 중심으로 하
여 신체적 감각을 담당하는 일
명 '파충류의 뇌', 감정을 중심으로 하는 '포유류의 뇌', 이성적
판단을 중심으로 하는 '인간의 뇌'가 중첩되어 존재한다. 인간
두뇌의 제일 안쪽에 있는 뇌줄기는 파충류의 뇌와 닮은 형태
및 기능을 가지고 있어 파충류의 뇌라고 부르며, 중간에 위치
하여 감정을 담당하는 뇌는 파충류에게는 발달하지 않고 포
유류만이 가진 것이라 포유류의 뇌라고 부른다. 마지막으로

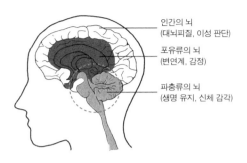

인간의 뇌
(대뇌피질, 이성 판단)

포유류의 뇌
(변연계, 감정)

파충류의 뇌
(생명 유지, 신체 감각)

세 가지 부분으로 나누어지는 인간의 뇌

뇌의 제일 바깥쪽에 위치한 대뇌피질 부위는 인간에게서 발달한 것이라 인간의 뇌라고 부른다. 그리고 이런 신체, 감정, 이성적 판단은 서로 연결되어 조화를 이루며 하나로 작동하도록 되어 있다.

그런데 현대인은 이성을 너무 중요시해서 파충류의 뇌가 보내는 반응을 무시하는 일이 자주 일어난다. 그래서 신체적 감각을 인식하는데 늦거나 불가능한 경우가 많다. 배고프고 피곤하다는 신호를 보내면 먹고 쉬거나 자야 한다. 그런데 조금만 더 버티자며 이런 신호를 무시하게 된다. 결국 자신의 몸으로 나타나는 신호에 대해 무감각하게 되고 통제력을 잃어버리는 경우가 늘어난다.

피곤하면 위험을 감지한 파충류의 뇌의 시상하부가 감정

의 뇌인 변연계로 신호를 보낸다. 그런데 인간의 뇌라고 하는 전두엽에서 이를 억제하거나 무시하기도 한다. 우리는 우리의 몸임에도 불구하고 파충류의 뇌로 접근하는 것이 어렵고 둔감해졌다. 결국 정서뿐만 아니라 몸을 관리하는 자율신경이 파괴되는 자율신경 부조증이나 대사증후군 등 신체적 신호를 감지하고 조율하기가 힘들어지는 경우도 발생한다.

아파트 꼭대기 15층에서 조용히 책을 읽고 있는데 똑똑똑 반복적으로 소리가 들려왔다. 신경 쓰지 않으려고 할수록 그 소리는 주의를 빼앗아가고 책을 읽는데 집중할 수가 없었다. 아래층에서 들리는 것 같기도 하고 옥상에 들리는 것 같기도 했다. 끊어졌다가 다시 시작되는 소리. 창문을 열고 살펴봐도 알 수가 없었다. 신경은 더욱 날카로워진다. 끙끙대며 시름하고 있기 힘들어 옷을 입고 현관문을 나선다. 그런데 계단에서 한 아주머니가 청소를 하고 계신다. 이제야 이유를 알았다. 그리고 그 소리는 조금 있다가 없어지리라는 사실도 알았다. 신경 쓰지 않고 하던 일에 집중할 수 있게 되었다. 날카로운 긴장감은 그 소리의 원인을 몰랐기 때문이다. 옷을 입고 찾아 나선 것이 다행이었다.

내 몸의 자각력을 높이면 자신에 대한 조절감이 강해진다. 자신에게 일어나는 감정과 충동에 대한 조절감이 없다는 것은 그 감정과 충동의 정체를 모르기 때문인 경우가 대부분이다. 이때 긴장과 스트레스는 높아진다. 우리가 느끼는 감정과 욕망의 상태는 모두 몸으로 그 반응이 나타나기 마련이다. 그런데 우리가 그것을 잘 모르기 때문에 감정과 충동에 휩싸이고 내 던져지는 것이다.

감정의 이면에는 또 다른 감정이 있다

반드시 우리의 감정과 욕망은 몸을 통해 신호를 보낸다. 배가 고프고 피곤하면 몸으로 그 증상을 느낄 수 있듯이 긴장과 공포, 두려움도 모두 신체적인 반응을 수반한다. 심장은 빨리 뛰고, 침이 마르고, 근육이 긴장되고 여러 측면을 생각하는 것이 힘들어진다. 이런 반응을 우리가 무시하다 보니 결국에는 신체적으로 나타나는 신호를 적절하게 해석하는 것이 힘들어지고 그것이 반복되다 보니 해석이 불가능하게 될 뿐이다. 내 몸의 근육은 긴장을 풀어주기를 바라는데 늘 긴장해 있는 탓에 그 상태가 정상인줄 착각한다. 그래서 예전에는 긴장의 상태로 인지했던 것이 이제는 당연하게 느껴지고 신경 쓰이지 않는 대상이 된다.

바람 앞에서 흔들리지 않으려는 지혜

사실 감정과 욕망에 의한 충동을 적절하게 감지하는 것은 쉬운 일이 아니다. 몸으로 느껴지는 감정은 여러 가지 감정이 혼합되어 발생하는 경우가 많기 때문이다. 우리는 서운함을 느끼면서도 금방 화나 분노로 감정을 표현하기도 한다.

그리고 화가 나는 것의 이면에는 서운함이 더 근본적인 이유라는 사실을 모르기도 한다. 또한 그런 감정은 의식이 아닌 무의식에 저장된 기억이나 트라우마 등이 원인일 경우가 있는데, 이럴 때는 더욱 파악하기 힘들다. 감정과 느낌을 소중히 여기지 않는 사람들에게 그들을 세세히 구별하며 안다는 것은 불가능한지도 모르겠다.

충동적으로 일어나는 욕구도 외부에 의해 강요되거나 내사되어 무의식적으로 발생하는 것인지, 내가 진정으로 원하는 것인지 알지 못하는 경우가 많다. 내 몸에 대한 자각력을 높이면 감정이 일어나는 순간의 신체적 반응을 통해 그 감정의 의미와 원인을 쉽게 파악할 수 있다. 그리고 해석되지 않는 무의식적 기억의 욕망을 읽어낼 수 있는 능력이 생겨 적절하게 대응할 수 있는 힘이 생긴다.

나의 감정과 충동으로 인한 긴장감이 현재의 상황 때문인지, 지난 기억의 아픔 때문인지, 이제는 잊었다고 느끼며 기억조차 못하거나 기억을 끄집어내기 싫은 아픈 경험 때문인지 구분해서 인식할 수 있다. 아이가 울면 그 울음을 듣고 원하는 것을 적절하게 대응해줄 때 건강하게 성장할 수 있다. 하지만 그 울음소리가 들리지 않거나 들어도 그것을 구분할 수 있는 자각력이 없다면 대응하고 조절하지 못한다. 배고파 우는 아이에게 기저귀를 갈아주는 것이다. 이런 잘못된 대응이 반복되면 울음을 무시하거나 증폭시켜 스트레스를 키우게 된다.

몸에 대한 자각력이 높아지면 나에게 일어나는 감정과 욕망의 실체가 무엇인지 또렷하게 알 수 있다. 더불어 불필요한 소음이 어떤 것인지 명확하게 구분할 수 있는 힘이 생긴다. 그래서 소음에 귀를 기울여서 부정적 감정을 증폭시키지 않고 걱정, 근심, 불안, 대립과 같은 불필요한 의식적 낭비를 피할 수 있다.

신체 자각력을 높이는
근육과
호흡의 이완

몸에 대한 자각이라는 것은 우리의 주의를 분산 없이 집중시킬 수 있을 때 가능하다. 불필요한 소음에 주의를 분산시키지 않는 것만으로도 자신이 선택해야 할 것은 명확해진다. 자신의 신체에 대한 주의의 집중은 무의식적인 감각과 느낌, 충동을 의식적 영역으로 구분하고 끌어내는 과정을 필요로 한다. 이는 자연스럽게 통제력을 높이고 혼란보다는 자신감을 높이는 효과가 있다.

자신의 감각과 감정, 판단에 대해 감지하지 못하고 외부의 변화에 출렁이며 자신이 소외될 때 만들어지는 공허감은 우리를 피폐하게 만든다. 소외되지 않고 자신의 주인이 되는 한 가지 명확한 방법은 몸으로 들어가는 것이다. 잠시 멈춰서 나의 몸에서 일어나는 감각과 감정을 읽고 관찰하는 노력이 지친 몸과 마음을 치료하고 자신의 존재감을 높이는 숨은 비결이 될지 모른다.

내 몸의 자각력을 높이기 위해서는 이완이 중요하다. 팽팽하게 긴장된 바이올린 현에서 정확하고 아름다운 음을 만들어내기 위해 사용하지 않을 때는 줄을 완전히 풀어놓는 것과 같은 이치다. 편안한 마음에서 신체적 자각력은 높아진다. 명상을 비롯한 다양한 이완 방법들은 이런 이완을 기본적으로 추구하고 있다. 호흡과 근육의 긴장 및 이완을 통해 적용할 수 있는 이완 방법은 많다. 어떤 방법이든 주기적으로 편안한 마음을 만드는 노력을 통해 외부로 향해 있던 주의를 자신에게 향하도록 함으로써 자신의 신체적 자각력을 높이게 될 것이다.

스트레스와 자극에 맞서는
깊은 호흡

안정적인
깊은 호흡,
불균형한 얕은 호흡

만사가 숨결에 달렸다는 말은 호흡에 따라 우리의 신체, 정서, 정신이 좌우되기 때문이다. 간단한 예로 스트레스가 심하고 긴장하게 되면 호흡은 짧아진다. 화가 나면 호흡은 빨라지고 거칠어진다. 호흡이 빨라지면 당연히 근육도 긴장되어 힘이 들어간다. 이때 호흡에 따라 뇌파와 심장박동, 혈압도 달라진다.

사람은 어릴 때 배로 깊이 호흡하다가 나이가 들수록 가슴으로 숨을 쉰다. 죽을 때는 목으로 얕게 숨을 쉬다가 생명을 다한다. 사실 숨을 쉰다는 것은 우리의 모든 것이다. 하지만 살만 하기에 숨은 자동적이다. 숨을 쉰다는 것은 의식적이기도 하지만 무의식적이기도 하다. 내버려두어도 자율신경에 의해 문제가 없지만 의식적으로 그 호흡을 조절할 수 있다. 여기에는 그만한 이유가 있을 것이다.

아주 상식적이고 간단하게 호흡의 과정을 이해해보자. 우리가 숨을 쉬면 폐로 산소가 들어가 공급되고 이산화탄소를 배출한다. 이것을 외호흡이라고 한다. 그리고 산소가 혈관을 따라 세포에 전달되어 대사과정이 정상적으로 이루어진다. 이것을 내호흡이라고 한다. 이렇게 외호흡과 내호흡을 통해 우리의 세포가 제 기능을 다하고 노폐물, 특히 암과 노화를 유발하는 활성산소를 이산화탄소에 흡착시켜 배출하게 된다. 세포가 정상적으로 활동하고 노폐물을 배출하는 기본 시스템이 호흡인 셈이다.

조금만 더 나아가보자. 호흡을 할 때 공기가 코로 들어오면서 공기 속의 세균과 오염 물질이 비강을 통해 걸러지고 체내의 면역 시스템에 적합한 온도와 습도로 맞춰진다. 입으로 하는 호흡은 면역에 있어 때로는 치명적일 수 있다. 천천히 깊은 호흡을 할 때 폐가 펼쳐져 늘어나기 위해서는 갈비뼈 아래에 있는 횡격막이 밑으로 내려가면서 공간이 만들어져야 한다. 횡격막이 아래로 내려가면서 충분한 양의 산소가 공급되어 신진대사가 활성화되는 것은 물론이지만 복부에 압력이 가해지면서 내장을 운동시켜 혈액순환과 신체 대사를 증진시킨다.

중국의 의학서《황제내경黃帝內經》은 사람이 1분에 8~9회 호흡한다고 말한다. 현대인은 1분에 15~20회 정도 숨을 쉬니 옛날에 비해 두 배 가까이 속도가 빨라진 것이다. 얕고 빠른 가슴호흡을 한다는 말이다. 호흡이 분당 12~13회이면 안정적, 18회 정도면 얕고 빠르다고 볼 수 있다.

앞에서 설명한 것을 참고하면 얕고 빠른 호흡은 신체, 정서, 정신적으로 불균형을 만들어내기도 한다. 얕고 빠른 호흡은 산소가 충분히 흡수되지 않아 세포에 전달되는 산소가 부족하게 되고 신진대사가 힘들어지게 된다. 크기에 비해서 가장 산소를 우선적으로 많이 소모하는 뇌가 가장 큰 타격을 받을 수 있다. 산소가 부족한 혈액이 뇌로 올라가면 혈압이 상승하고 뇌압이 상승하면서 머리가 무겁고 두통, 불면증, 충혈 등의 여러 가지 문제가 발생하게 된다.

스트레스와 지속적 긴장도 문제
지만 얕고 짧은 호흡을 하면 횡
격막을 움직이지 않아 복부가
경직되고, 숨과 혈액이 원활하게 아래로 내려가지 못한다. 대
장도 일종의 호흡을 하는데, 대장에서 수분과 영양분을 흡수
하면서 가스도 흡수하고 교환한다. 그런데 경직되고 혈액이
맑지 못하면 가스가 제대로 흡수되지 않아 복부의 압력이 높
아지고 팽창하게 된다. 《동의보감東醫寶鑑》에 장청뇌청腸清腦清
이라 하여 장이 깨끗하면 뇌도 맑다고 나와 있다. 암세포를 골
라 죽이는 NK$^{Natural Killer}$세포를 비롯하여 면역세포의 70퍼센트
가 장에 존재한다. 그리고 다양한 호르몬과 뇌 건강의 중추가
바로 장을 중심으로 연결되어 있다.

오랫동안 가슴호흡을 한 사람은 상대적으로 조그마한 스
트레스와 자극에도 격렬하게 반응할 수밖에 없다. 긴장과 스트
레스 등이 짧고 얕은 가슴호흡을 만들었지만 이런 호흡이 다시
불면증을 부르고 면역을 약화시키고 신경을 민감하게 만들어
스트레스 자극에 더욱 민감하게 만드는 악순환이 이어진다.

호흡을 길고 느리게 하면 긴장을 만들었던 교감신경이 죽
고 부교감신경이 활성화되면서 뇌파도 안정적으로 변하게 된

다. 숨을 느리고 깊게 쉬면 근육도 자연스럽게 이완되지만 그렇지 못하면 근육이 긴장하고 이 긴장이 오랫동안 지속되면 혈액을 근육에 모이게 하여 독소를 쌓이게 하는 악순환이 만들어진다.

　호흡은 이렇게 다양하게 우리 몸과 연결되어 신체, 정서, 정서적인 환경을 구축하고 영향을 미친다. "이완 없이는 호흡도 없다"라고 말하는 사람도 있다. 호흡이 잘되려면 무엇보다 이완이 중요하다는 것이다. 잠시 긴장된 몸과 마음을 멈추고 자신의 호흡을 살펴보면 천천히 점점 깊어지는 숨을 확인할 수 있다. 오래지 않아서 가슴이 트이고 상쾌한 느낌을 받는다. 그리고 머리도 맑아지는 듯하다. 몸을 긴장시키는 스트레스를 잠시 멈추고, 억지로 막무가내로라도 잠시 숨을 고르는 패턴, 자신에게 들어오는 숨결을 관찰하는 여유를 만들어보자. 신체, 정서, 정신적인 건강과 성과에도 아주 멋진 효과를 가져올 것이다.

　결정적인 순간이 연속해서 밀려오는 가운데 잠시 행동을 멈추고 숨결을 느끼는 것은 현대인들에게 쉽지 않은 일이다. 하지만 넘어지고 나면 다시 일어서기 위해 숨을 골라야 한다. 우리도 몸과 마음이 무너지기 전에 호흡을 가다듬어보자.

애착관계에서 시작된
뇌의 편중

부모의
양육 방식에 따라
뇌가 편중되어 자란다

어린 시절 부모나 주 양육자와 어떻게 상호작용했는지에 따라 사람의 뇌에는 천천히 지도가 그려진다. 제대로 애착관계가 성립되지 않았을 때 심리적, 정서적으로 집착된 반응을 보이게 되는데, 이는 뇌의 불균형과 연결된다. 예를 들어 뇌가 좌뇌 위주로 편중되어 발달되어 있으면 너무 이성적이기만 한 사람으로, 우뇌 위주로 편중되어 활성화되어 있으면 감정적 스트레스에 과민하게 반응하는 사람으로 자란다는 것이다. 한쪽으로 편중되지 않고 균형 있게 발달하려면 부모와의 안정적 애착이 중요한데 이는 좌뇌와 우뇌의 균형을 조절하는 전전두엽의 발달을 의미한다.

> **아이의 요구를 잘 받아주지 않을 때:**
> 좌뇌중심 편중 → 세상을 지나치게 이성적으로 바라봄

아이들은 다양한 방법으로 부모에게 요구를 한다. 하지만 이런 요구가 받아들여지지 않고 무시되거나 내면적 욕구가 해소되지 않으면 좌뇌 중심으로 발달하게 된다. 아이들은 자신의 요구를 잘 받아주지 않는 관계에서 세상을 지나치게 이성적으로 바라보게 된다는 의미다.

이들은 자신의 요구를 충족시키기 위해 눈앞에서 전개되는 외부의 모습에 예민하게 대응할 수밖에 없다. 삶의 초점이 외부에 있고 매 순간이 순서에 맞게 연속적으로 진행된다고 생각하기 때문에 전체를 보지 못하고 변화하는 맥락에 적응하지 못하는 경우가 많다. 성찰적이고 자전적인 기능은 우뇌의 경향인데 이런 역할이 적절하게 수행되지 않는다.

> **부모의 일관성 없는 반응:**
> 우뇌중심 편중 → 과도한 감정적 스트레스, 부정적 기억 중심

바람 앞에서 흔들리지 않을 지혜

아이들의 요구에 대해 부모나 주 양육자가 일관성 없이 대응했을 때 아이들은 혼란을 느낀다. 동일한 대상이나 상황에 대해 부모의 편리와 감정에 따라 때로는 이렇게, 때로는 저렇게 일관성 없는 피드백을 주었을 때를 말한다. 이런 일관성 없는 혼란은 현상에 대해 어떤 명확한 기준을 세우는 것을 무의미하게 만든다. 이들은 추상적이고 혼란된 상태에서 우뇌가 지나치게 발달한 탓에 감정적 스트레스가 강하고 부정적 기억을 우선적으로 선택한다. 좌뇌의 특기인 논리적인 언어로 표현하는 등의 일들이 어렵게 느껴진다.

권력의 사다리에 오르면 공감능력이 떨어지는 까닭

아이들의 요구 사항과 욕구에 양육자가 친절할 때 아이들의 뇌는 다양한 대응을 모색하며 균형을 키워나가는 기회를 가지게 된다. 좌뇌와 우뇌의 역량을 고루 활용하며 이런 균형을 맞춰내는 조율자와 같은 전두엽이 발달하게 된다는 의미다. 똑같은 사안에 대해 이랬다저랬다 반응하는 부모에게 명확한 기준을 학습하고 논리적 대응을 하기는 힘들 것이다.

자신의 욕구는 들어주지 않고 명확한 정답만 강요하는 부모에게 사랑받고 보호받는다면 그 논리를 여러모로 생각하는 것이 아니라 결과에 딱 맞춰내며 외형적인 것이 절대적으로 중요하다고 생각하게 될 수밖에 없다. 감정적으로 안정되지 않으면 열리지 않는 것이 전두엽이라고 했다. 좌뇌와 우뇌의 우선순위를 거쳐 전두엽으로 신경이 온다면 우선순위가 제일 늦어 한 번도 기회를 갖지 못하고 발달하지 못하는 것이 전두엽일 수 있다는 의미다.

부모의 사랑은 기억과 관련 있는 해마의 크기를 차이 나게 만든다. 해마는 기억과 관련이 있고 학습과 스트레스 반응에도 관여한다. 새로운 것을 학습하고 이를 기억하도록 해서 발전과 균형을 만들어가는 데 중요한 두뇌 부위다.

미국의 워싱턴 의과대학 연구팀이 3~6세 미취학 아동 92명을 대상으로 실험했다. 연구팀은 아이와 엄마를 선물 상자가 있는 방으로 안내했다. 그리고 아이에게 엄마가 문서를 작성하고 나면 선물 포장을 풀어도 된다는 말을 남기고 방을 나왔다. 아이들의 호기심이 그 선물 상자를 놔두게 했을까?

자녀가 선물 포장을 풀고 싶은 충동과 감정을 조절할 수 있도록 안심과 도움을 준 그룹 그리고 자녀를 무시하고 성급하게 야단친 엄마 그룹을 나누어 4년 후 아이들의 뇌를 자기공명영상법으로 살펴보았다. 그 결과 자상한 부모의 자녀들이 그렇지 않은 아동들에 비해 해마가 10퍼센트 더 큰 것으로 나타났다.

뇌는 가소성이 있어 변한다고 한다. 아직 뇌가 덜 발달한 시기의 아이들에게는 더욱 중요한 일이겠지만, 비단 아이들에게 한정된 이야기가 아니다. 어른들도 주요한 인간관계의 반복된 패턴에 따라 한쪽으로 치우친 활성화를 보일지, 균형 있는 반응을 보일지 결정되지 않을까?

권력의 사다리를 타고 올라가면서 사람들의 공감능력은 떨어진다. 타인의 마음을 굳이 신경 쓰지 않아도 세상이 잘 돌아간다. 뇌에서 공감을 발휘하게 하는 부위는 따로 있다. 이런 영역을 활성화하지 않기에 그 기능이 비활성화되는 것이다. 나의 생각과 감정을 친절하게 대해주는 사람들과 많이 상호작용하자. 그리고 아이들에게도 유심히 친절하게 대해주자. 우리의 의식은 기억하지 못해도 우리의 뇌는 기억하니까.

동기에 대해서 연구하는 학자들은 수백 명의 데이터를 통해 사람들이 추구하는 인생의 열망을 여섯 가지로 구분하였다. 그리고 이를 크게 외적 열망과 내적 열망으로 나누었다. 그런데 내적 열망을 추구하는 사람들이 보다 행복하고 활력 있고 자존감이 높았다는 것이다. 외적 열망을 추구하는 사람은 내사나 자아관여된 사람이 많았다. 즉 자신의 가치가 아니라 타인이나 사회의 가치를 무비판적으로 받아들이고, 자신의 가치를 성적, 돈, 승진과 결부시키는 것이다. 이 부분에서 좌뇌에 편중된 애착이 생각났다.

친절한 부모는 뇌의 균형을 이끌어 아이들이 자신의 인생에서 충실한 내적 열망을 추구할 수 있는 바탕을 만들어준다. 무엇보다 자기존중감은 좌·우뇌의 균형이 잘 이루어졌을 때 인성과 함께 달성되는 것이고 여기에서 부모의 애착관계가 중요한 역할을 한다는 점은 확실한 것 같다.

작업기억은 어떤 작업을 수행하기 위해서 기억을 관리하고 그 기억을 활용하는 능력을 말한다. 그런데 작업기억은 기본 적으로 주의를 집중하고 조절하는 능력을 키워준다. 이를 바 탕으로 작업기능이 늘어나면 일상에서 감정과 충동의 조절, 부정적 감정의 억제, 건강, 스트레스와 통증의 조절, 낙관성 과 활력을 높이는 데 도움을 준다는 보고가 있다. 일상에서 작 업기억을 재미있게 향상하는 방법들을 틈틈이 실천하면 삶의 질을 향상시킬 수 있다.

1. 단어 거꾸로 읽기

길을 가다보면 간판 등에서 수많은 단어들을 접할 수 있 다. 누군가 세 글자, 네 글자, 다섯 글자 등으로 이루어진 단어 를 불러주면 그것을 거꾸로 읽어 대답해보자. 예를 들어 '감성 지능'이라고 불러주면 이것을 듣고 '능지성감'이라고 대답한 다. 혼자 있다면 단어를 읽고 눈을 감거나 고개를 돌려 거꾸로 소리내어 읽어볼 수 있다. 주변의 잡음에도 불구하고 머릿속 에 단어를 떠올려 읽는 연습이다.

2. 중간 단계를 기억하며 계산하기

예를 들어 25×13과 같은 계산을 암산하는 것이다. 곱셈을 하면서 중간 단계의 결과를 머릿속에 떠올려 다음 계산과 연산을 하는 훈련을 반복한다. 쉬운 계산이라도 주의를 집중하고 조절해야만 순조롭게 마칠 수 있다.

3. 카드 게임을 하기

일정한 그림이나 숫자가 있는 카드를 기억하고 배열하는 게임이다. 예를 들어 7개나 그 이상의 카드를 일렬로 배열하여 순서를 암기한 다음 카드를 포개어 섞고 기억한 순서의 반대로 다시 배열하는 방식이 있다.

또는 짝이 있는 카드를 수십 장 뒤집어 나열한 다음 두 장씩 펼친다. 짝이 맞으면 그대로 두는데 짝이 맞지 않으면 원래대로 다시 엎어놓는다. 그리고 그 위치를 기억하고 있다가 다른 카드를 뒤집어 기억하고 있던 짝을 찾아 모든 카드를 돌려놓을 수 있도록 한다. 두 사람이 짝을 지어 해보면 무척 재미있다.

4. 주변의 지형지물 거꾸로 읽기

도구를 활용할 수 없을 때는 주변의 지형지물을 순서대

로 보고 암기한다. 최소 다섯 개 이상 순서대로 보고 특징을
중심으로 암기한다. 그리고 눈을 감고 암기했던 것들의 이름
을 거꾸로 말하면 된다.